나를 발견하는 인류학 수업

함세정 지음

나를 발견하는 인류학 수업

문화인류학으로 청소년 삶 읽기

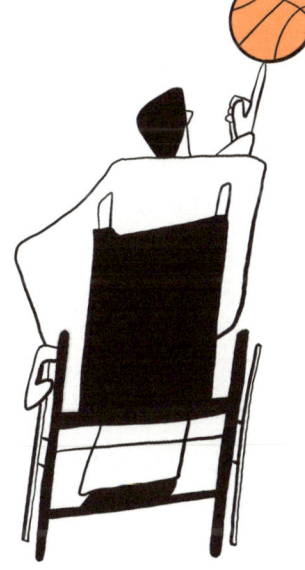

사계절

'나'를 발견한다는 말은 자연스럽지 않습니다. 나는 쭉 나인 채로 살아왔기 때문이죠. 어젯밤에도, 오늘 아침에도 나는 여기에 있었습니다. 그래서 나는 너무나 익숙한, 때로는 지루하기까지 한 존재일 수도 있습니다.

"자기소개를 해 볼까요."

이 말에 청소년들은 썩 반가운 표정을 짓지 않습니다. 긴장되기도 하고, 뻔한 이야기만 하게 된다고 생각하죠. 이름, 소속, 학년, 가끔은 MBTI 정도를 말하게 되니까요. 하지만 그게 '나'의 전부일 가능성은 거의 없습니다. 나는 좀처럼 알 수 없는 존재입니다. 심지어 전혀 모르는 면도 있습니다. 아마도 나는 익숙해서 알아채기 어려운 대상이면서, 계속 발견해야 할 만큼 변화하는 존재인지도 모릅니다. 나를 새롭게 보는 건 언제나 흥미진진합니다. 나의 캐릭터를 새롭게 해석해 주는 사람을 만나면 눈을 빛내게 되지요.

"너에게는 뜻밖의 모습이 있어."

그런 말을 들으면, 나도 몰랐던 내 얼굴을 발견하는 기분이 듭니다. 더 듣고 싶습니다. 우리는 나를 새롭게 보는 기회를 간절히 바랍니다.

나를 새롭게 보는 작업은 어떻게 가능할까요? 나를 가깝게 보고, 세밀하게 보고, 나에게만 집중해서 보면 가능할까요? 문제는 내가 어디에 서 있는지에 따라 나는 계속 변화한다는 것입니다. 아주 쉽게는 학교에서의 나와 집에서의 나, 그리고 편한 친구들과 있을 때의 나는 제법 다른 사람이죠. 내가 관계 맺는 사람들에 따라 나는 달라집니다. 그뿐만이 아닙니다. 지금의 성적 등급조차도 우리가 어떤 사회에 실고 있는지에 따라 의미가 틸라집니다. 수렵 채집 시대에 9등급이 그다지 중요한 요건이 아니듯이 인공지능Artificial Intelligence(AI) 사회에서는 1등급의 의미도 달라지고 있죠. 한국인이라는 정체성 역시 여러분이 베트남에 있을 때와 프랑스에 있을 때 다른 의미를 띠게 됩니다. 말하자면, 내가 누구인지는 나 혼자 결정하는 문제가 아닙니다. 내가 누구인지 알려면 내가 어디에 서 있는지 잘 둘러봐야 하지요. 다시 말해서 내가 어떤 사람인지는 내가 어떤 사회와 문화에 속해 있는지에 따라 다르게 정의될 수 있습니다.

그럼에도 종종 우리는 내가 딱 정해져 있는 것처럼 말합니다. 자기소개를 할 때 나이는 꼭 들어가지요. 한국 사회는 나이에 따라 그 사람이 어떤 성격이어야 하는지, 어떤 말투를 써야 하는지, 무엇을 해야 하는지 정해져 있다고 봅니다. 10대는 발랄하고 50대는 진중하다는 식으로 말입니다. 청소년은 초등학생 어린이와는 달라야 하지만, 그렇다고 아직 어른은 아니니까 풋풋하고 순수해야 한다는 말도 듣습니다. 가슴의 울렁거림도, 분노도, 호기심도 모두 나이로 설명합니다. 이 설명은 일관적이고 깔끔해서 설득력이 있습니다. 호르몬으로, 뇌로, 염색체로 내가 누구인지, 정상인지 비정상인지가 결정됩니다. 평균 지능, 평균 체중, 평균 삶이라는 틀로 누군가의 삶은 정상 혹은 비정상으로 판단됩니다. 내가 얼마나 다양하고 복잡한 존재인지는 말해지지 않습니다. 정상의 기준이 사회와 문화에 따라 다르다는 점도 간과되지요. 그렇게 나는 풍부한 발견의 대상이 될 기회를 잃어 갑니다.

문화인류학은 나를 발견하는 데 유의미한 도구가 됩니다. 나에 대한 이해와 해석이 만들어지는 과정을 사회와 문화를 통해 구체적으로 알게 하고, 나를 하나로 정의하고 고정하기보다는 다각도에서 접근하기 때문입니다. 문화인류학은 '문화'라는 개념을 통해 인간의 삶의 방식과 의미를 이해하고자 하는 학문인데요. 여러 사회를 비교하여 연구하기 때문에 우리가 당연하게 생각하는 삶의 모습도 다른 사회에서는 상식으로 여겨지지 않을 수 있다는 점을 알게 합니다. 문화인류학의 관점을 배우면 우리가 자연스럽다고 생각하는 기준이 모든 사회에 보편적이기보다는 특정한 환경과 역사 속에서 형성되었다는 걸 깨닫게 되지요. 말하자면 나에 대한 평가와 이해 역시 사회마다 다를 수 있다는 겁니다.

예를 들면, 한국의 교실에서는 바람직한 인물로 여겨지는 학생이 다른 문화권에서는 독립적이지 못하고 의견이 없는 수동적인 사람으로 평가될 수도 있습니다. '좋은 학생'이라는 기준에는 그 사회에서 숭요하게 여기는 가치와 규범이 큰 영향을 미치기 때문입니다. 한편, '좋은 학생'이라는 평가가 그 사람이 어떤 사람인지 전부를 말해 주지는 않지요. 그 사람이 어떤 사람인지 알기 위해서는 더 많은 이야기가 필요합니다. 여러분은 학교, 온라인 커뮤니티, 동네, 가족을 포함한 다양한 장소에서 관계 맺으며 다채로운 정체성을 형성하고 있습니다. 그 안에서 나의 의미는 더욱 풍부해지고 깊어집니다. 문화인류학은 다면적이고 복잡한 존재로서 인간에게 관심을 기울입니다.

이 책은 두 가지 목적을 가지고 있습니다. 하나는 청소년에게 문화인류학의 관점을 소개하는 것이고, 다른 하나는 세상을 보는 청소년의 시각과 경험을 담아내는 것입니다. 이 두 작업은 얼핏 서로 다른 듯 보이지만 실제로는 긴밀하게 연결되어 있습니다. 청소년의 구체적이고 생동감 있는 사례를 통해 문화인류학의 추상적 개념을 더욱 쉽게 이해할 수 있고, 문화인류학의 관점을 통해 청소년의 경험과 시각을 새로운 틀로 해석할 가능성을 발견할 수 있기 때문입니다.

제가 이와 같은 작업을 시도할 수 있었던 것은 10대들과 함께 청소년의 삶을 탐구한 '10대 연구소' 프로젝트 덕분입니다. 저는 박사 학위를 받은 뒤 2018년부터 4년간 하자센터공식 명칭은 시립청소년미래진로센터라는 청소년 기관에서 10대들이 직접 자신의 삶을 연구하는 청소년 주도 연구 작업을 함께 했습니다. 하면서 놀란 점 중의 하나는, 청소년들이 인류학적 접근을 굉장히 빠르게 습득한다는 것이었습니다. 이들은 각 사회가 당연하게 여기는 삶의 양식이 상이하고, 한 사회 안에서도 입장과 위치에 따라 같은 상황을 다르게 인식한다는 것을 쉽게 이해했습니다. 직접 사람을 만나 그 사람의 관점에서 이야기를 들어 보는 연구 방법의 중요성도 금방 파악했고요. 이것은 어쩌면 이들이 너무나 말이 안 통하는 사회에서 살고 있기 때문인지도 모르겠습니다.

청소년의 시선으로 세상을 바라보면 우리 사회가 다르게 보입니다. 이 사회의 규칙과 양식이 몸에 익어 새로 볼 힘을 잃은 어른들과 달리, 10대들은 익숙한 것을 낯설게 보는 눈을 가지고 있습니다. 청소년이 본질적으로 아름답거나 싱그러워서는 아닙니다. 어른들과 다른 사회적 상황과 맥락에서 성장했기 때문에 다른 접근법과 기준으로 세상을 바라보는 것입니다. 어른에게 당연한 것이 청소년에게는 당연하지 않습니다. 청소년은 지극히 비非청소년 중심으로 구성된 사회에 문화상대주의적 시각을 요청합니다. 그렇게 새로운 서사를 만들고, 자신을 발견해 나갑니다.

연구 작업을 할 때도, 이 책을 쓰는 지금도 저는 비청소년입니다. 어른, 비청소년의 입장에서 청소년의 시각을 탐색하는 것은 여러모로 한계가 있습니다. 어른의 시선에는 필연적으로 성인기를 겪고 있는 사람의 경험과 관점이 들어있기 때문에 청소년의 세계를 충분히 반영하지 못할 위험이 있습니다. 또한, 세대 간의 경험 차이와 문화적 간극은 청소년의 목소리를 있는 그대로 듣기보다 어떤 틀 안에서 해석하게 만들 수 있습니다. 하지만 청소년이 청소년을 연구한다고 해서 이와 같은 한계가 단번에 사라진다고 볼 수도 없습니다. 청소년을 연구하는 작업은 필연적인 모순을 안고 있습니다. 청소년을 특정 범주로 묶어 대상화하는 것을 피하면서, 동시에 청소년의 시선으로 세상을 해석하고 말해야 하기 때문입니다. 말하자면 청소년이라는 고정된 정체성은 없다고 말하면서도, 청소년의 목소리를 담아내는 작업을 동시에 해야 한다는 거지요. 이 과정에는 청소년이 누구인지에 대한 질문이 필수적으로 포함됩니다. 그 질문에 답하면서 비청소년에 대해서도 새롭게 이해할 수 있습니다.

제가 만난 청소년들은 자신을 '청소년'이라는 특정 연령대에 넣어 일반화하는 것에 문제의식을 가지고 있었습니다. 그들은 사회적, 문화적 위치로 인해 공통의 경험을 하지만, 그 공통의 경험에서 생물학적 발달 단계가 결정하는 부분은 크지 않았습니다. 청소년은 내부적으로 동질하지 않습니다. 연령 이외에도 젠더, 계급, 지역, 교육 배경 등 다양한 정체성을 가지고 있지요. 청소년은 청소년으로만 규정할 수 없습니다. 그런 점에서 비청소년, 어른의 시선에도 가능성이 생깁니다. 청소년과 비청소년 사이의 경계가 생각만큼 선명하지 않을 수도 있고, 또 청소년과 비청소년의 관계가 연령으로만 결정되지는 않으니까요. 제가 청소년과 갈등을 경험할 때는 연령 차이보다는 저의 고질적인 모범생 기질이 문제일 때가 많았습니다. 하지만 우리는 같은 문제에 분노하기도 했죠. 비청소년이라는 저의 정체성은 한계이자 조건이기도 했지만, 연대의 가능성을 가지고 있었습니다. 저는 청소년이 아니지만, 청소년과 사회문제에 대한 이해와 고통을 공유하는 사람입니다. 이는 우리로 하여금 서로 달라도 연대할 수 있다는 것을 알게 했습니다.

이 책은 청소년들의 관점, 이야기, 그리고 경험을 다루고 있습니다만, 이 이야기들이 모든 청소년을 대변한다고 말할 수는 없습니다. 청소년 기관과 대학에서 만난 다양한 청소년의 시각과 이야기를 담아 보려 애썼지만, 언제나이야기는 부분이자 일부입니다. 제가 만난 이들은 대체로 2020년 전후로 청소년기, 특히 10대 후반부터 20대 초반까지의 시기를 수도권에서 보낸 사람들입니다. 이 중에는 고등학교를 다니는 사람도, 그만둔 사람도, 자립형 사립 고등학교에 다니는 사람도, 특성화 고등학교에 다니는 사람도, 서울에 사는 사람도, 강원도에 사는 사람도, 대학에 간 사람도, 가지 않기로 결정한 사람도, 여학생도, 남학생도, 성 정체성을 탐색 중인 사람도 있습니다. 이들은 어떤 공통의 이야기를 하면서도 꽤나 다른 이야기를 동시에 하는 사람들이었죠. 따라서 이 책의 목표가 청소년의 보편 경험을 정의하고 설명하는 것이라고 볼 수는 없습니다. 이 이야기들이 일부와 부분이라고 해서 의미가 없다고 할 수도 없고요. 작은 창을 통해 세상을 들여다보더라도 그 안에서 문화라는 '의미의 그물망'에 얽힌 이야기와 관계를 발견할 수 있기 때문입니다.

이 책이 쓰이기까지 셀 수 없이 많은 만남과 장소가 필요했습니다. 하자센터에서 보낸 시간, 10대 연구소 구성원들과의 만남은 책의 기초와 영혼을 만들었습니다. 이 책에 직접 인용된 청소년의 말은 그동안의 이야기를 담은 기록 『10대는 연구를 한다』 작업 과정에서 수집하고 정리한 자료들로 면담과 대화, 글 등을 포함합니다. 이 자리를 빌려 10대 연구소의 스물세 명 모든 멤버에게 감사 인사를 드립니다. 만날 수 있는 사람들도, 만날 수 없는 사람들도 모두요. 하자 오디세이 학교 청소년들 역시 도움을 주었습니다. 특히 오디세이 10기는 제가 이 책에서 말하려는 바를 다시 한번 돌아볼 기회를 주었습니다. 덕성여대 문화인류학과 선생님들과 학생들은 책의 내용을 채우고 방향을 가늠하도록 해 주었습니다. 그들과 문화인류학을 함께 배우며 이야기를 만들어 간 경험이 아니었다면, 이 책은 세상에 나오기 어려웠을 것입니다. 교육인류학을 한다는 것은 교육학과 문화인류학 두 행성을 오가는 일이기도 합니다. 교육철학 공동체 덕에 대화와 성장이라는 화두를 이어 갈 수 있었습니다.

감사 인사를 끝내긴 참 어렵습니다. 일일이 언급할 수 없이 많은 분들이 제 안에 남겨 주신 반짝이는 것들이 있기 때문입니다. 그중에는 이제 세상에 계시지 않은 정병호 선생님이 주신 것도 있습니다. 선생님께 받은 배움과 사랑은 여전히 여기 있습니다. 그것을 세상에 써야 한다는 마음으로 책을 마저 쓸 수 있었습니다. 물론 저를 발견해 주시고, 책의 모든 과정을 함께 겪어 주신 이진 편집자님과 사계절출판사 덕에 책을 완성할 수 있었지만 말입니다. 이렇듯 많은 손길을 거쳐 세상에 나온 만큼, 이 책이 누군가에게 아주 작은 것이라도 반짝이는 것을 남길 수 있기를 기대해 봅니다.

차례

1부

정체성

우리는

다양하고 복잡한 존재

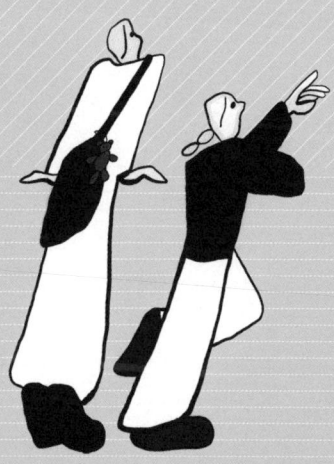

1. 청소년은
만들어진 개념

구성주의

나의 모든 것을 '청소년'이라는 단어로 설명할 수 있을까요? 갑작스럽게 터지는 웃음이나, 설명할 수 없는 불안감, 자주 바뀌는 취향 등에 대해 말할 때 곧잘 청소년이기 때문에 그렇다는 설명이 붙습니다. 그런데 정말인가요? 어떤 색을 좋아하는지, 어떤 사람이 되고 싶은지, 혹은 어떤 사회를 원하는지가 청소년이기 때문에 정해지는 문제일까요? 제가 만난 청소년들은 자신을 '청소년'이라는 특정 범주에 넣어 일반화하는 것을 전혀 달가워하지 않았습니다. 다른 누구나와 마찬가지로 고유한 존재라고 인정받고 싶어 했습니다. 실제로 그들은 연령 이외에도 다양한 정체성을 가지고 있었죠. 케이팝K-pop을 좋아하는 사람이 있는가 하면 요리에 푹 빠진 사람도 있고, 옷으로 자신을 표현하는 데 관심이 많은 사람이 있는가 하면 기후 위기 때문에 새 옷을 사지 않는 사람도 있었습니다. 청소년은 다 같은 사람들이 아닙니다. 어디에 사는지, 학교에 다니는지, 가족 구성이 어떠한지, 장애가 있는지, 경제적 배경이 어떠한지, 성 정체성과 성적 지향이 어떠한지, 또 종교가 무엇인지 등 구체적 맥락에 따라 청소년의 정체성과 삶의 양상은 상당히 달라집니다. 그럼에도 분명 어떤 경향성이 발견되기는 하지요. 한국 사회에서 '꿈이 없다'고 말하는 청소년이 다수인 것이 그 예입니다.

이런 경향에 대해 사회는 청소년을 하나의 틀에 넣어 이해하려 합니다. 청소년이라면 '중2병'을 겪는다거나 불안과 혼란을 경험한다고 봅니다. 기본적으로는 싱그럽고 미성숙하다고 생각하지요. 왜일까요? 청소년이라는 본질이 있다고 생각하기 때문일 수 있습니다. 본질은 어떤 존재나 사물이 본래 가지고 있는 성질로, 대상의 특성을 결정짓는 근본 요소라고 이해됩니다. 즉 청소년이라면 누구나 그와 같은 특성이 있다고 보는 것이죠.

하지만 인류학자들은 이러한 생물학적 본질에 대해 의문을 표합니다. 대표적으로 인류학자 마거릿 미드의 『사모아의 청소년』이라는 연구가 있습니다. 이 연구에 따르면, 사모아에 사는 청소년들은 흔히 말하는 질풍노도의 시기를 경험하지 않습니다. 미드는 사모아의 청소년은 비교적 수월하게 성장하며, 격렬한 감정 변화나 높은 불안으로 대표되는 청소년기 특유의 성향을 보이지 않는다고 말합니다. 이는 서구 사회와의 문화 차이에서 비롯된다고 볼 수 있습니다. 서구 사회의 청소년은 불안한 사회에서 높은 강도의 통제를 경험하며 핵가족 안에서 애착 관계를 맺습니다. 그에 반해 사모아의 청소년은 사회적 압력에서 비교적 자유롭게 지내며 가족 바깥의 다양한 어른들과 폭넓은 관계를 맺습니다. 이는 청소년이라면 당연히 거칠 수밖에 없다고 알려진 어떤 특징이 사회문화적 맥락에 따라 달라진다는 점을 보여 줍니다. '사춘기'라는 생물학적 본질이 있다기보다는 어떤 사회에 사느냐에 따라 다른 특징을 보이는 것이죠. 미드의 연구는 충분하지 않다는 비판을 받기도 하지만, 당연하게 여겨 온 특정 발달 단계의 특징 또는 청소년의 '본질'이 사회적으로 구성된다는 점을 보여 준다는 데 시사점이 있습니다.

사모아까지 갈 필요 없이 우리 사회에서도 시대에 따라 청소년에 대한 지식과 이해가 달라지는 예를 찾을 수 있습니다. 여러분이 알고 있듯이, 일제강점기 동안 독립운동에 참여한 많은 사람이 청소년과 어린이였지요. 대표적으로 유관순 열사가 독립운동을 하다가 투옥되었을 때의 나이는 18세였습니다. 또한 1970년대에는 광주제일고등학교와 전주고등학교의 학생들이 민주화 운동에 적극적으로 참여하다 경찰에 연행되어 대공분실 1970~80년대에 민주화 운동가들을 취조하고 고문하던 장소에서 조사를 받는 일도 있었습니다. 최근에도 청소년 인권 활동가, 청소년 페미니스트 활동가, '촛불 청소년' 등이 치열하게 사회적 논의에 참여하고 있습니다. 그러나 사회 변화의 주축으로 청소년을 상상하기는 쉽지 않습니다. 우리가 사는 사회가 청소년이 어떤 존재이고, 무엇을 할 수 있다고 생각하는지가 과거와 다르기 때문입니다. 즉 본질이 있다기보다는 청소년에 대한 사회적 지식과 이해에 따라 청소년을 다른 존재로 보는 것입니다.

애초에 청소년기이라는 개념 자체가 사회의 변화와 함께 만들어진 것이라고 볼 수 있습니다. 산업 혁명을 거치면서 경제 구조가 변화하고, 교육이 확대되며, 가족 구조가 핵가족 중심으로 달라지는 과정에서, 그러니까 19세기 후반에 이르러서야 청소년이라는 개념이 등장했습니다. 한국 사회에서는 20세기 근대 계몽기와 함께 '청소년기'라는 세대 규정과 연령 분류가 이루어졌고요.

그렇다면 본질이 있다고 생각하는 것은 왜 문제일까요? 무엇보다 본질이 정해져 있다면 다른 가능성을 상상하기 어렵습니다. 청소년이 미숙하기 때문에 충분한 판단력을 가질 수 없다고 생각한다면, 그들을 독립운동의 주체로 인정하기 어려울 것입니다. 청소년이 지닌 복합적인 다양성을 보기보다는 '청소년이니까'로 이해의 폭이 좁아집니다. 문제는 또 있습니다. 청소년이 본질과 다른 양상의 모습을 보일 때 그것을 개인의 문제라고 생각하기 쉽습니다. 예를 들면 청소년이 꿈이 없을 때, 무기력할 때, 친구를 사귀지 못하고 혼자 있을 때 청소년기라는 본질에 집중하면 사회와 문화는 시야에서 사라집니다. 청소년은 꿈과 열정을 가진 싱그러운 나이이며 누구보다도 친구를 중요하게 여기는 존재이기 때문에 그렇지 못한 사람은 그 개인이 문제라는 거죠. 고립되기 쉬운 사회도, 미래를 꿈꾸기 어렵게 하는 기후 위기도, 너무 많은 과업을 요청하는 성과 중심의 문화도 사라집니다. 문제인 청소년만 남습니다.

이렇게 문제로 남은 청소년은 치료의 대상 혹은 해결해야 하는 골칫거리가 되지요. 그들이 겪는 어려움은 오롯이 개인의 문제가 됩니다. 문제를 공유하는 비청소년과의 연대도 불가능합니다. 애초에 왜 꿈이 없어졌을까요? 청소년의 시선에서 '꿈'은 어떤 의미일까요? '그래서 지금 잘하는 과목이 뭔데?'라는 질문을 시작하게 하는 고역스러운 주제는 아닐까요? 꿈이 없다고 하는 청소년은 혹시 어떤 것만을 '꿈'이라고 인정하는 사회를 꿰뚫어 보고 협상하는 중은 아닐까요? 청소년의 경험을 이해하기 위해서는 사회문화적 맥락을 들여다봐야 합니다.

청소년이 다른 사회 구성원들과 일상적으로 맺는 관계와 상호 작용을 들여다보는 것은 그 시작일 수 있습니다. 왜 청소년들은 늘 '하기 싫다'고 말하는 것 같을까요. 왜 '제멋대로' 하고 싶어 한다고 해석될까요. 이런 특성은 청소년이 주로 듣는 말, 즉 비청소년이 청소년을 대하는 방식과 연관되어 있습니다. "스읍." "내려놔." "그건 안 돼." 이 말들의 공통점은 무엇일까요? 통제의 말이라는 점입니다. 물론 적절하지 않은 행동에는 통제가 필요할 수 있습니다. 하지만 우리는 모든 사람의 행동을 같은 태도로 제지하지 않습니다. 이런 말을 하기 쉬운 대상이 있습니다. 청소년은 그중 하나입니다. 반면, 청소년이 상대에게 이런 말을 할 기회는 많지 않습니다. 청소년은 주로 듣는 위치에 있죠. 뿐만 아니라 청소년은 충분한 사회적, 경제적 권리를 갖지 못합니다. 제한된 권리와 일상적 통제 속에서 이들은 어떤 공통의 경험

1부 정체성, 우리는 다양하고 복잡한 존재

을 갖게 됩니다. 그에 반응하는 방식 역시 특정한 모양을 띠게 되겠죠. 따라서 청소년이 '제멋대로' 구는 듯이 보이는 것은 청소년의 본질이 아니라 청소년이 경험하는 세계와 관련이 있습니다. 특히 청소년이 서 있는 위치와 그 위치에서 세상을 살아가는 방식과 관련이 있다고 할 수 있습니다.

청소년을 사회문화적 존재로 이해하기 위해서는 청소년이 살고 있는 사회의 특성, 그 안에서 청소년이 차지하는 위치, 그리고 청소년과 주변 구성원의 관계와 상호 작용을 들여다볼 필요가 있습니다. 청소년을 인류학적으로 이해한다는 것은 청소년의 시선으로 세상을 바라보는 일입니다. 그리고 청소년을 나이에 따라 정해지는 고정된 존재로 보지 않고, 사회 속에 살며 끊임없이 변화해 가는 사회적 구성체로 접근하는 것을 의미합니다. 이 책은 청소년이라는 범주에 질문을 던지면서, 동시에 청소년의 경험과 시각을 이해하는 모순적인 작업을 목표로 합니다. 이 작업은 청소년에 대한 이해를 넓히는 데 도움이 될 것입니다. 뿐만 아니라, 청소년에 대한 인류학적 접근은 우리 사회가 당연하게 여기는 문화와 지식을 다시 생각하게 해 줄 것입니다. 특히 의존, 권력, 약함, 변화, 안정에 대한 기존의 생각을 다시 검토하고, 새롭게 만들어 갈 기회를 줄 것입니다.

구성주의

구성주의는 지식이나 실재가 고정적으로 존재하는 것이 아니라, 사회 및 문화와의 상호 작용을 통해 구성되는 것이라고 보는 관점입니다. 구성주의의 관점에서 본다면 '청소년'의 특징은 본래 정해져 있는 것이 아니라, 사회와 문화의 영향 속에서 '만들어지는 것'이라고 할 수 있습니다. 즉 시대와 사회에 따라 청소년에 대한 정의가 달라지고, 사회가 요구하는 청소년의 모습 또한 변화합니다. 관련 연구들은 청소년이라는 개념 자체가 근대 이후 발명된 것이라고 주장합니다. 특히 한국에서는 이 과정이 근대화와 함께 산업 일꾼을 길러 내고자 했던 국가의 프로젝트와 긴밀히 연결되어 있었다고 보지요. 즉 청소년이라는 본질이 있다기보다는 사회문화적 맥락에 따라 청소년이라는 개념이 구성되는 것입니다.

비슷한 예로 인종이 있습니다. 인종은 과학적으로 근거

가 충분하지 않은 분류입니다. 생물학적으로 모든 인종의 유전자는 99.9퍼센트 일치하며, 피부색과 머리카락은 그 사람의 키도, 체중도, 지능과 재능은 물론 성격도 결정하지 않습니다. 누가 백인인가에 대한 정의 역시 시대에 따라, 법원의 결정에 따라 달라지곤 합니다. 즉 인종은 생물학적 본질이라기보다는 '사회적 구성'입니다. 그러나 이 '사회적 구성'이라는 것이 순수하게 인간의 상상력으로만 존재해서 언제든 바꿀 수 있다는 뜻은 아닙니다. 사회적 구성은 규범으로 작동하며, 그 사람이 누구와 대화할 수 있는지, 어떤 꿈을 가질 수 있는지, 어떤 사회적 인프라에 접근할 수 있는지를 결정합니다. 즉 사회적 구성이 자연적 특성보다 더 공고하게 삶을 규정하고 제한할 수 있습니다.

사회적 구성으로 현상 또는 존재를 읽어 내는 것은 어떤 점에서 유의미할까요? 어떤 현상이 고정된 본질에 의해 결정되는 것이 아님을 알 수 있기 때문에 다른 시각에서 문제에 접근할 수 있고 새로운 해결 방법을 모색할 수 있습니다. 특히 이 세상을 이미 결론이 다 난 곳이 아니라, 우리가 함께 만들어 가고 있는 과정으로 이해할 수 있다는 점에서 유용합니다. 문화는 인간을 만들고, 인간은 문화를 만든다는 말이 있죠. 즉 변화는 가능합니다.

2. 입시 이야기 안 하는 사람을 만나고 싶다

문화

여러분의 삶에서 '입시', 즉 대학 입학시험은 어떤 의미인가요. 벌써 어깨가 딱딱해지고 머리 한쪽이 지끈거리나요. 때로 몸은 머리보다도 더 정확히 우리의 생각과 감정을 말해줍니다. 표준국어대사전에 따르면 입시는 입학생을 선발하기 위하여 입학 지원자들에게 치르도록 하는 시험이라는 뜻입니다만, 한국 사회에서는 단순한 시험 제도 이상을 의미합니다. 아마도 그 무게가 여러분의 몸에 신호를 보내는지도 모르겠습니다.

그렇다면 입시는 어떤 점에서 단순한 제도 이상일까요? 입시는 여러분의 시간과 공간을 결정합니다. 동아시아

문화권이 달의 움직임을 기준으로 하는 음력을 중시하고 중앙아프리카 누에르족이 건기와 우기에 따라 움직인다면, 한국 사회에는 '입시력'이 있죠. '6모 6월 모의고사', '9모', '10모', '수능 시즌' 등의 용어는 시간 개념에 입시가 미치는 영향을 보여 줍니다. 입시는 하루에서 가장 중요하게 생각하는 일정, 가장 많은 시간을 쏟는 활동을 결정하고 일상의 지리적 영역과 경로를 만듭니다. 아무리 교통이 발달해도 학교 끝나고 가야 할 곳은 정해져 있지요. 또한 입시는 여러분의 신체와 정신, 정체성에도 영향을 미칩니다. 하루에 가장 많이 취하는 자세는 책상에 앉아 고개를 숙이는 자세일 겁니다. 입시 불안이나 스트레스가 얼마나 심각한 수준인지는 이미 잘 알려져 있고요. 나아가 수험생이라는 정체성은 때로 여러분의 성격, 표정, 감정, 가치관, 사회적 관계 등을 결정합니다. 이는 입시가 단순히 학업의 문제가 아니라, 삶의 방식을 구성하는 문화적 틀임을 보여 줍니다.

입시가 한국 사회의 중요한 문화라는 점은 관련된 '의례'들을 통해서도 탐색해 볼 수 있습니다. 의례란 정해진 절차와 규칙에 따라 수행하는 행동인데요. 예를 들면 생일을 축하하기 위해 케이크에 초를 꽂아 불을 붙이고 끄는 행동, 교실에서 선생님에게 인사하는 방법, 추석에 차례를 지내는 방식 등이 우리가 일상에서 쉽게 접할 수 있는 의례입니다. 의례는 상징적 의미를 띠며, 정해진 순서에 따라 움직이고, 구성원들이 공유하는 문화를 표현합니다. 이를 통해 구성원들은 다시금 소속감을 느끼며, 집단이 중요하게 여기는 가치를 되새길 수 있죠.

한국 사회의 사교육 문화를 탐구한 조장훈은 대학 입학 시험을 성인식에 빗대어 설명합니다. 입시가 스무 살이 되면 치러야 하는 통과의례로 여겨진다는 것이지요. 입시를 치르는 과정에서 사람들은 다양한 상징적 행위를 합니다. 시험을 앞두고 교회나 사찰을 찾아가 합격을 기원하는 백일 기도를 드리고, 엿이나 떡, 초콜릿처럼 끈적이는 성질 때문에 '붙는다'는 의미를 띠는 음식을 수험생에게 선물합니다. '미끄러지는' 느낌을 주는 미역국 등 불합격을 연상시키는 음식은 피하고요. 일본에서는 '킷캣 KitKat'이라는 이름의 초콜릿이 '기토 가쓰반드시 이긴다'라는 말과 발음이 비슷하다는 이유로 합격 기원 선물로 사용된다고 해요. 시험이 끝나도 수험생을 격려하는 다양한 이벤트와 할인 행사 등을 통해 의례는 지속됩니다.

대학 입시를 둘러싼 독특한 사회 분위기, 응원 문화, 시험 당일의 교통 통제 같은 현상은 입시가 단순히 개인적 사건이 아니라 사회 전체가 참여하는 문화적 의례임을 보여 줍니다. 의례는 입시의 중요성을 강조할 뿐 아니라 구성원의 자격을 정해 주기도 합니다. 이 통과의례를 거치지 못한 사람, 즉 대학 입시를 치르지 않은 사람은 온전한 사회 구성원으로 인정받지 못하고 자연스럽게 배제되는 경우가 많습니다. 수능을 보지 않은 청소년은 전 사회가 참여하여 치르는 이 의례를 보며 어떤 마음이 들까요? 이들은 수험생 할인이나 신입생 특가와 같은 사회적 혜택에서 제외될 뿐 아니라, 전공이나 대학을 통해 자신을 소개할 수도 없고, 입시를 중심으로 움직이는 학교 일정에서 소외됩니다. 따라서 입시 제도는 단순한 교육 과정이 아니라, 사회적 정체성을 형성하고 소속감을 결정하는 강력한 장치라고 볼 수 있습니다. 누가 이 사회의 구성원이 되는가를 입시가 결정할 수도 있는 거지요.

'입시 문화'라는 틀은 시험이나 공부뿐 아니라 친구 관계와 같은 청소년의 일상에도 영향을 미칩니다. 조경진과 김은정의 연구에 따르면 친구가 될 수 있는 인물, 집단의 구성, 또래에 대한 감정, 그리고 노는 시간의 의미를 결정하는 데 입시 중심 문화가 작동합니다. 보통 마음이 잘 맞는 사람과 친구가 된다고 생각하지만 실제로는 성적이 비슷한 사람과 친구가 되는 경우가 많고, 만약 친구 사이에 성적 차이가 크면 앞으로 친구 관계를 유지할 수 있을지 불안해한다고 해요. 더 나아가서는 에너지와 시간이라는 자원을 관리하는 일이 중요해지면서 친구 관계를 '귀찮다'고 여기는 사람들이 많아졌고요. 저는 대학 수업에서 종종 밥, 잠, 과제, 친구 중 무엇을 1순위로 포기하는지 묻곤 하는데요. 여러분은 이 중에서 가장 먼저 무엇을 포기할 것 같나요? 사람들마다 우선순위는 다양했습니다만, 절반 이상이 친구를 가장 먼저 포기한다고 말했습니다. 가장 나중에 포기하는 것은 대체로 과제고요. 관계는 성과에 방해가 된다는 것이 그 이유였습니다. 이와 같은 사고방식은 친구의 영역에만 영향을 미치지 않습니다.

"정든 샘은 자르라고 하거든요."

인천에 있는 고등학교에 다니던 달이 한 말입니다. 공부 고민을 나누던 대화에서 친구들은 달에게 "정든 샘이랑 공부가 되냐?"라고 물었습니다. 친해진 과외 선생님과는 잡담을 하느라 공부 분위기가 조성되지 않으니 해고하는 게 좋다는 의견이었지요. 정든 선생님과 계속 공부해서는 성적이 더는 오르지 않을 거라고요. 정이 든다는 것은 보통 어려운 일이 아닙니다. 꽤 긴 시간과 그동안 쌓인 신뢰가 필요하지요. 하지만 입시에는 걸림돌로 여겨집니다. 시간과 에너지를 '빼앗는' 친구와 마찬가지로요. 이렇게 입시는 인간관계를 맺을 때 무엇이 더 중요하고 우선인지를 결정하기도 합니다.

입시는 친구나 선생님과의 관계를 넘어 가족 간의 관계에도 영향을 미칩니다. '좋은 자녀'나 '좋은 부모'가 될 자격을 결정하기도 하지요. '좋은 자녀'의 기준에는 늘 준수한 성적이 포함되어 있습니다. "우리 엄마도 계모임에서 말 좀 하자"라는 급훈이 한때 온라인에서 유행한 적이 있습니다. 이 말은 어머니의 말할 권리가 자녀의 성적과 긴밀히 연결되어 있다는 걸 보여 줍니다. 어머니의 지위를 올려 주는 자녀가 되기 위해서는 성과를 내야 한다는 뜻이지요. EBS 다큐멘터리 〈번아웃 키즈〉에 출연한 한 초등학생도 비슷한 말을 합니다.

"공부 못하는 것도 불효래요."

이처럼 입시는 부모와 자녀라는 친밀한 관계에도 영향을 미칩니다. 입시 문화 속에서는 '좋은 부모'가 되는 것도 쉽지 않습니다. 교육인류학자 로이스 웨이스는 미국 중산층 가족의 입시 열을 다루며, 이들 부모가 자녀의 대입에 온 힘을 쏟는 이유는 부모로서 '도덕적 책무'를 다하기 위해서라고 말합니다. 수험생의 부모에게는 행동 지침이 있습니다. 수험생보다 아침에 더 일찍 일어나서 식사를 준비하고, 좋은 학원을 알아보고, 학원비를 내고, 학원에 데려다주고 데려오고, 입시 정보를 모으고, 가족 중에서 수험생을 우선해서 행동합니다. 여기서 주요 역할을 담당하는 사람은 어머니입니다. 자녀의 교육과 양육 문제는 '어머니'라는 역할의 성공, 그리고 책임과 긴밀하게 연결됩니다. '고3 엄마'라는 명칭과 정체성이 있는 것에서도 잘 드러납니다. 아버지 역시 입시에서 일정한 역할을 하긴 합니다만, '고3 아빠'라는 명칭은 조금 낯설지요. 입시 결과에 대한 책임은 대체로 어머니에게 지워집니다. '자녀의 성공'이 곧 그 사람의 인생을 평가하는 가장 중요한 잣대가 될 때 여성 개인의 꿈, 경력, 정체성은 부차적인 것으로 밀려날 가능성이 높습니다.

이처럼 입시가 우리의 일상, 관계, 의례, 도덕에까지 영향을 미치는 것을 확인할 때면 마치 꼼짝할 수 없는 상태에 놓인 것처럼 느껴지기도 합니다. 입시 문화가 우리를 옭아매어 우리의 행동과 생각 하나하나를 규정하는 듯하죠. 강력한 지배 문화가 우리의 삶 전반을 통제하고 결정하는 것처럼 여겨지기도 합니다. 그럴 때는 구체적인 사례를 들여다보면 도움이 됩니다. 사람들이 입시에 반응하는 양상은 생각보다 다양합니다.

앞에서 언급한 달에 대해 더 이야기해 보겠습니다. 달은 친구들에게서 5년간 공부한 과외 선생님을 자르라는 권유를 들었지만 계속 함께 공부했습니다. 그렇다고 입시에 건성으로 임한 것은 아닙니다. 교내 대회에 열정적으로 참가해 내신과 학교생활기록부^{약칭 생기부}를 잘 관리했고, 학원과 과외 수업도 열심히 들었습니다. 그런데 흥미롭게도 토요일이면 생기부에도 수능 성적에도 전혀 도움이 되지 않고, 하루종일 시간을 빼야 하는 10대 연구소에 한 시간 반이나 걸려 찾아왔습니다. 사실 저는 입시에 빠삭하고 그야말로 그림으로 그린 듯한 모범생인 달이 꾸준히 참석하리라고는 기대하지 않았습니다. 여기서는 생기부에 쓸 만한 그 무엇도 줄 수 없다고 여러 번 반복해서 알리기도 했죠. 하지만 달은 10대 연구소에 제일 성실하게 참여한 사람 중 한 명이었습니다. 연구 후속 작업을 하던 기간에 달에게 왜 그렇게 열심히 왔느냐고 물었습니다. 달의 대답은 의외였습니다.

"입시 이야기 안 하는 사람을 만나고 싶었어요."

학교에 가면 선생님과 친구들이, 집에서는 부모와 동생이, 또 학원에서 만나는 친구도 모두 입시 이야기만 해서 그 이야기를 안 하는 사람을 만나고 싶었다고요. 달은 입시 너머의 세상을 알고 싶었다고 말했습니다. 그에게는 입시에서 성공하고 싶은 욕구만큼이나 새로운 사람을 만나고 사회를 이야기하고 싶은 욕구가 있었습니다. 인류학은 인간을 하나의 동기, 하나의 측면으로만 매끄럽게 설명할 수 없다는 점을 강조합니다. 사람은 모순적이고 복잡한 존재입니다. 그렇게 가능성이 만들어집니다. 여성학자 정희진의 말대로 인간은 결코 구조에 의해 결정되지 않는지도 모릅니다. 달은 그때 만난 새로운 관심을 가진 친구들과 아직도 인연을 이어 나가고 있습니다. 그중에는 나무도 있습니다. 나무는 재수를 하다가 그만두고 학력 차별 반대 운동에 참여하며 다른 형식의 배움을 모색하고 있습니다. 매년 수능 시험 날이면, 대학 입시를 거부하는 선언을 하며 사회를 바꿔 보려 하고 있지요.

　흔히 입시는 현실이라고 합니다. 그런데 누구의 현실일까요? 학교에서 내신 1등급은 전체의 4퍼센트 남짓입니다. 소위 말하는 '인서울' 대학에 입학하는 사람은 전체 스무 살의 7~8퍼센트 내외라고 하고요. 어쩌면 입시의 강력한 영향은 일부 사람들의 문제일 수 있습니다. 문화의 관점에서 탐색하면 입시는 절대적이고 고정적인 기준이라기보다는 상대적으로 움직이는 문제라는 것을 알 수 있습니다. 사회가 변화하기 때문입니다. 우리 사회가 맞이한 가장 큰 변화는 인구 구조의 변화입니다. 2023년에 태어난 아기는 약 23만 명인데, 같은 해 대학 입학 정원은 4년제와 전문대를 포함해 약 51만 명에 달합니다. 이러한 추세가 이어진다면, 2040년 경에는 절반 이상의 대학이 정원을 채우지 못할 수 있습니다. 대학 간의 서열이나 위계는 학벌주의 문화로 인해 여전히 남아 있을 거란 예측도 있지만, 대학 입시를 둘러싼 환경이 큰 변화를 맞이하고 있는 건 분명하죠. 이렇게 되면 입시의 의미는 바뀔 수밖에 없습니다.

입시 문화의 변화는 단지 대학 정원 미달이나 학령 인구의 감소 문제에 국한되지 않습니다. 사회가 요구하는 역량과 지식의 형태가 바뀌면서 입시와 대학의 역할이 재구성될 가능성 역시 큽니다. '대학의 종말'은 서구 사회에서 먼저 고민한 의제이기도 합니다. 유럽위원회는 산업 구조와 학습 경로의 변화로 인해 학교 교육을 중단하는 인구가 늘어나고, 평생 교육의 필요와 역할이 강화될 것이라 예상합니다. 즉 견고해 보이기만 했던 입시 문화에도 균열이 생길 거라는 뜻입니다. 입시를 절대적 현실로 보기보다는 한국 사회의 문화이자 세계의 변화 속에서 유동적으로 움직이는 산물로 본다면 새로운 질문을 얻을 수 있습니다. 입시라는 고정 값이 사라진다면 우리는 무엇을 중요하게 생각하며 어떻게 살아야 할까요. 이는 입시 이후를 살아가는 데도 필요한 질문일 것입니다.

문화

문화란 한 사회의 구성원들이 공유하는 총체적인 삶의 방식입니다. 앞서 살펴본 것처럼 '입시'가 시험 제도를 넘어 한국 사회 구성원의 시간과 공간 개념, 신체와 정신 상태, 나아가 개인의 정체성과 사회적 관계까지 규정하듯이 문화는 우리의 일상적인 사고와 행동 패턴, 세상을 인식하는 틀을 형성합니다. 문화는 예술이나 고급 교양을 지칭하는 좁은 의미를 넘어, 특정 집단의 구성원들이 후천적으로 학습하고 공유하며 다음 세대로 전달하는 지식, 신념, 가치, 규범, 관습, 기술, 언어, 상징 등 삶의 모든 양식을 포괄하는 개념입니다. 즉 우리가 어떻게 살아가야 하는지에 대한 암묵적인 지침이자 삶을 영위하는 바탕 그 자체라고 할 수 있습니다.

또한 문화는 사회 구성원들이 함께 만들고 공유하는 의미 체계이자 상징적인 실천의 집합입니다. 인류학자 클리퍼드 기어츠는 문화를 상징적인 의미의 체계라고 말하며, 인간은 문화라는 의미의 그물망 안에서 살아간다고 보았습니다. 이는 인간의 행동과 상호 작용 속에서 문화를 해석해야 한다는 것입니다. 입시를 둘러싼 다양한 의례와 행정 제도는 실용적 필요에 의한 행동을 넘어섭니다. 이러한 의례들은 '시험 합격'이라는 공동의 목표와 가치를 상징적으로 드러내고, 참여자들에게 소속감을 부여하며, 무엇이 중요하고 의미 있는 것인지에 대한 사회적 합의를 재확인하는 기능을 수행합니다. 문화는 이처럼 눈에 보이는 행동과 상징, 의례를 통해 그 의미를 전달하고 공동체의 유대를 강화하며 유지됩니다.

나아가 문화는 사회 구성원들이 관계를 맺는 방식과 가치관의 우선순위를 결정하는 데 깊숙이 관여합니다. '입시 문화'가 성적을 기준으로 친구를 사귀게 하거나 관계 자체를 성과 달성의 방해물로 여기게 만드는 것처럼, 문화는 무엇이 바람직한 관계이고 어떤 가치를 우선해야 하는지에 대한 기준을 제시합니다. '좋은 자녀'나 '좋은 부모'의 역할 규정 역시 이러한 문화적 틀 안에서 형성됩니다.

하지만 문화는 고정불변의 것이 아닙니다. 다양한 해석과 의미가 서로 우위를 점하기 위해 경쟁하고 다투는 장소이기도 합니다. 이러한 관점에서 문화란 단순히 구성원들이 공유하는 의미와 가치의 총합만은 아닙니다. 다양한 집단 간의 관계를 반영하고 갈등과 타협, 저항과 협상 속에서 재구성되는 과정이라고 볼 수 있습니다. 즉 문화는 안정적인 것이라기보다는 역사적 맥락 속에서 끊임없이 변화하고 재해석되는 역동적인 속성을 지닌 것으로 이해해 볼 수 있습니다.

3. 나는 비정상인가

문화상대주의

지금부터 이야기할 주제는 '정상'과 '비정상'에 관한 것입니다. 이 주제는 아주 많은 질문을 품고 있습니다. 그중에서 이야기를 시작하기에 적당한 질문은 무엇일까요? '무엇이 비정상인가?'부터 다루어 보는 건 어떨까요? 때로는 정상과 비정상의 경계가 너무나 명확해 보입니다. 마치 검은색과 흰색처럼 쉽게 구분할 수 있을 것만 같습니다. 심장 박동수나 혈압처럼 정상은 분명하게 측정 가능한 상태처럼 보이기도 하지요. 평균보다 많거나 적으면, 혹은 일반적이지 않다면 비정상이라고 말하기도 합니다. 흥미롭게도 그렇게 말하다 보면 비정상이 상당히 많다는 것을 알게 됩니다.

일반적이지 않다면 소수라고 생각하기 쉽지만, 실제로는 그렇지 않은 경우가 많습니다. 비정상은 매우 흔하기 때문입니다. 평균보다 키가 너무 크거나 작아서, 몸집이 너무 작거나 커서, 2차 성징이 빠르거나 늦어서, 말수가 적거나 많아서, 책을 읽는 속도가 느리거나 빨라서, 감정 표현이 작거나 커서 비정상으로 분류되기도 합니다. 사람이 보통 한 가지 이상의 특징을 가지고 있다는 점을 감안하면, 모두 한 가지 이상의 비정상 꼬리표를 가질 수 있습니다. 키가 평균이어도 관심사는 독특할 수 있고, 수면 패턴이 일반적이어도 좋아하는 사람은 동성일 수 있으니까요. 한 사람 안에도 사회만큼 다양한 면이 공존할 수 있다는 점에서, 어쩌면 우리가 비정상이라고 분류하는 사람들은 생각보다 훨씬 다수일지도 모릅니다.

어른들은 청소년의 의사소통 방식을 비정상이라고 말하기도 합니다. 옆에 사람이 있는데도 스마트폰을 들여다보고 있는 상태를 '중독'이라고 표현하기도 하죠. 이처럼 정상과 비정상의 구분은 종종 누군가의 삶의 방식을 질병으로 규정합니다. 그 사람을 진단 또는 치료의 대상으로 여기게 하죠. 살아 있는 사람과 대화를 나누기보다 스마트폰이라는 무생물에 집중한 상태는 비정상적인 의사소통 방식으로 보일 수도 있습니다. 하지만 청소년의 시각에서 본다면 즉각적으로 반응이 필요한, 더 중요한 인간관계에 참여하고 있는 상황일 수 있습니다. 예를 들면, 인스타그램에 친한 친구가 게시물을 올려 바로 반응을 해야 하는 타이밍처럼 말이죠. 정말 친한 사이라면 3초 또는 30초 안에는 반응을 해야 상대를 서운하게 하지 않을 수 있거든요. 또한 소셜 미디어는 청소년의 명예나 체면과도 긴밀하게 연결되어 있는데요. 온라인에서의 평판 관리는 긴밀한 대응과 상당한 노력을 필요로 합니다. 따라서 청소년의 의사소통 방식과 속도를 기준으로 보면 내내 스마트폰을 들여다보고 있는 건 정상적인 행동입니다. 소셜 미디어 연구자 다나 보이드는 청소년의 소셜 미디어 '중독'이라는 개념에 의문을 제기하며, 이를 사회적 연결에 대한 강한 욕구로 해석할 필요가 있다고 말합니다. 누군가의 행동을 단순하게 정상, 비정상이라고 판단할 수는 없다는 거죠.

　　그런데 정상과 비정상의 기준은 고정되어 있을까요? 정상이라는 기준은 절대적일까요? 청소년기에 대한 많은 논의는 정상적인 발달 상태가 있다고 가정합니다. 발달 이론에 따르면, 특정 연령대에 추상적인 생각이 가능해지고, 어떤 연령대에 진입하면 자율성이 높아지며, 또 몇 살 즈음이면 독립이 가능해진다고 보지요. 그렇게 하지 못하는 청소년을 보면 초조해합니다. 정상에 미달한 상태라 여깁니다. 그러나 이러한 이론의 상당 부분이 서구 사회의 백인 남성을 대상으로 한 연구에 기초하고 있다는 점은 종종 간과됩니다. 청소년기에 대해 문화 간 비교 연구를 진행한 앨리스 슐레겔과 허버트 배리에 따르면, 문화마다 청소년기라는 개념이 대체로 존재하기는 하나 그 의미는 다소 달랐다고 합니다. '질풍노도의 시기'가 나타나는 방식도 달랐고요. 청소년기의 주요 발달 목표로 여겨지는 자율성과 독립성도 문화에 따라 그 뜻이 달라집니다. 어떤 문화권에서는 자율성이 경제적, 물리적으로 분리, 독립한 상태를 의미한다면 다른 문화권에서는 노인을 돕고, 어린이를 돌볼 수 있는 상태를 의미합니다. 즉 문화에 따라 '정상적인' 발달 상태가 다르게 나타납니다. 비정상과 정상의 경계는 이처럼 모호합니다.

그럼에도 '정상'이라는 개념은 끈질기게 우리 앞에 나타납니다. 늘 기준을 제시하지요. 우월함과 열등함의 기준을 만들어 냅니다. '정상 가족'이라는 개념은 특정한 유형, 예를 들면 부부와 자녀로 이루어진 전형적인 핵가족을 기준으로 규정합니다. 그렇지 않은 가족은 이상적이거나 안정적인 가족으로 여기지 않는 것이지요. 부모님이 이혼한 이후 어머니와 살고 있는 한 청소년은 이런 기준에 의문을 가졌습니다. 불행하지 않은 건 물론이고, 오히려 어느 때보다도 안정감을 느끼는데 사회는 그의 가족을 어딘지 부족하고 불안정한 상태로 보았습니다. 서로 의지하며 잘 살고 있는데도 정상 가족의 기준에 미달한다고 여기는 시선 때문에 그 청소년은 자신의 가족 이야기를 선뜻 친구들에게 말하지 못했다고 합니다.

세상에는 다양한 가족이 존재합니다. 입양 또는 재혼을 통해 이루어진 가족, 조부모와 손자녀로 구성된 가족도 있죠. 혈연이나 법적 관계로 연결되어 있지 않더라도 서로를 '식구'로 여기며 함께 사는 가족도 있습니다. 이런 가족을 단순히 비정상이라고 말할 수 있을까요? 정상이 아니라고 해서 해결해야 할 문제가, 고쳐야 할 오류가 되는 건 아닙니다. 삶의 모습은 다양하고 그 자체로 존중받을 가치가 있습니다. 현대의 정상 가족인 핵가족도 확대 가족이 일상이었던 과거에는 정상이 아니었습니다.

성소수자 청소년들은 정상과 비정상의 경계가 모호하다는 것을 자신의 삶을 통해 발견했습니다. 자신의 성적 지향을 탐색하며 경계를 오가기도 하고, 모범생과 성소수자 사이를 오가면서 정상과 비정상의 모호함을 체감하기도 했습니다. 10대 연구소에서 '청소년 성소수자의 비가시화'를 연구한 삼색, 유딩, 줄리, 헤윰은 자신의 존재에 대하여 목소리를 내고자 했습니다. 이들은 인천과 서울의 중학생과 고등학생, 대안학교 청소년으로, 자신의 일상에는 성소수자가 없을 거라고 가정하는 사람들의 행동과 말에 의문을 품었습니다. 국내외의 연구에 따르면 적어도 스무 명 중의 한 명, 또는 열 명 중의 한 명이 성소수자라는데 왜 학교에서는 볼 수 없는지 알고 싶었습니다. 성소수자 청소년이 자신을 드러낼 수 없는 맥락을 가족 안에서, 학교에서 만나는 사람들에게서, 수업 내용과 교칙에서, 더 넓게는 사회에서 찾으며 다른 성소수자 청소년들을 만났습니다. 이들은 다른 퀴어 전통적 이성애를 넘어 다양한 성적 지향과 성 정체성을 포괄하는 개념 청소년들을 만나며 자신을 지우지 않아도 되었던 것이 연구 과정에서 가장 좋았던 순간이라고 회고합니다. 보이지 않는 존재, 비정상이라는 분류를 넘어 자기 자신으로 존재했기 때문입니다.

하지만 이들은 연구 과정 사이에 두려움을 느끼기도 했습니다. '나는 비정상인가?'라는 질문은 흥미롭지만, 동시에 무섭기도 합니다. 나는 왜 이럴까? 나만 이상한가? 가족들과 함께한 식사 자리에서, 모두 웃고 있는 교실에서, 친구들과 헤어져 집에 오는 길에 문득 떠오르는 질문은 마음을 괴롭힙니다. 나는 왜 다른 사람들과 다를까, 왜 일반적이지 않을까? 이런 질문을 마주할 때면 두려운 마음이 듭니다. 왜 두려울까요. 어떤 마음에서 무서울까요. 이런 마음은 우리 사회에서 비정상으로 분류된 사람들이 겪는 일들과 연결되어 있습니다. 앞서 말한 것처럼 매우 다양한 사람들이 한 사회에 살고 있는데도 때로 우리는 정상이라는 아주 좁은 기준으로 타인을 판단합니다. 그 판단에 기초해 사람들을 소외시키기도 하고 공격하기도 하죠. 내가 소속감을 느끼는 이곳에 더 이상 속할 수 없다는 감각은 큰 위협으로 다가옵니다. 비정상이라는 낙인은 학교생활기록부의 평가로 자리 잡기도 하고, 친구 사이의 단절로 나타나기도 하며, 때로는 가족으로부터의 추방으로 이어집니다. 무엇보다 나 자신조차 나를 문제라고 보게 될 때가 가장 괴롭다고 청소년들은 이야기합니다.

문화인류학의 관점은 '나는 비정상인가?'라는 질문을 탐구할 때 꽤 유용합니다. 정상과 비정상의 기준이 문화마다 다를 수 있다는 것을 보여 주기 때문입니다. 인류학자 루스 베네딕트는 미국 뉴멕시코 지역의 원주민 주니족, 캐나다의 콰키우틀족, 그리고 뉴기니의 도부족을 연구하며 각 사회마다 고유한 삶의 방식이 존재한다는 점을 밝혔습니다.

1부 정체성, 우리는 다양하고 복잡한 존재

예를 들어, 주니족은 이성을 중시하고 과잉을 경계하며 권력과 폭력을 경멸하는 문화를 가지고 있었습니다. 이 부족에서는 권위를 경계하기 때문에 젊은이가 어른들의 인정을 받는 성년식이라는 개념도 거의 없었다고 합니다. 반면 도부족은 가까운 사람조차도 의심하고 경계하며 악의와 배신을 일종의 미덕으로 여겼습니다. 심지어 작물이 잘 자라거나 제대로 자라지 않는 일도 누군가의 적개심에서 비롯된 주술의 결과라고 여겼습니다. 한편, 콰키우틀족은 경쟁자보다 자신이 우월함을 증명하는 것이 삶의 중요한 목표였고, 이를 위해 더 많은 것을 소유하고 있음을 보여야 했습니다. 그렇다면, 주니족의 삶의 방식이 도부족에게 상식적으로 보였을까요? 콰키우틀족의 삶은 주니족의 기준에서 보통이었을까요? 한 부족에게 다른 부족의 삶의 방식은 전혀 상식적이지도, 정상적이지도 않았을 것입니다. 이 연구는 우리가 당연시하는 정상이라는 개념이 문화적 맥락에 따라 상대적이라는 사실을 보여 줍니다.

이는 단지 원시 부족에만 해당하는 이야기가 아닙니다. 2014년에 인도 법원은 남성이나 여성으로 분류되지 않는 간성間性인 히즈라를 포함해 제3의 성별을 인정하고, 공식 서류에 이를 표기하여 취업, 교육 등에서 차별받지 않을 권리를 보장했습니다. 히즈라는 고대 힌두교 경전에도 등장하는 존재로 종교적 의식을 담당해 왔습니다. 이와 같은 법원의 판단은 인도의 문화적, 역사적, 그리고 사회적 맥락을 반영합니다. 즉 성별이 여성과 남성 둘로 나뉘어 있다는 것 역시 절대적 기준이 아니라 문화적 기준일 수 있다는 거죠. 문화인류학자들은 한 문화권에서는 비정상으로 간주되던 사람이 다른 문화권에서는 정상일 수 있다고 말합니다. 정상이라는 기준은 절대적이거나 고정되어 있는 것이 아닙니다. 상식과 당연함에는 질문이 필요합니다.

10대 연구소에서 한자리에 모인 우리는 제법 놀랐습니다. 처음에는 그저 자기 의견이 분명하고 말 잘하는 멋있는 사람으로만 보이던 이들이 알고 보니 우리 사회에서는 비정상으로 분류될 수도 있는 사람들이었습니다. 청소년은 비정상이 되기 쉽습니다. 우울함을 느끼면, 부모 중 한 명이랑만 살면, 입시에 그다지 관심이 없으면, 친구가 없으면, 자신이 성소수자라고 말하면, 꿈이 없으면, 페미니스트이면, 동급생보다 한 살이 많으면 비정상이 됩니다. 친구가 되고 동료가 되기에는 조금도 부족함이 없는데 말입니다. 흥미롭게도 우리는 서로가 조금씩 비정상이라는 걸 알고 나서 더 쉽게, 더 깊게 친구가 되었습니다. 정상/비정상에 대한 질문은 여러분의 세계를 조금 더 넓혀 줄지도 모릅니다. 더 많은 사람을, 더 많은 세상을 만나게 하면서 말입니다.

문화상대주의

문화상대주의는 무엇을 '정상' 혹은 '비정상'으로 규정하는지가 각 사회의 고유한 문화적 맥락에 따라 달라질 수 있다고 보는 관점입니다. 절대적인 기준은 없다고 보는 것이죠. 각각의 문화는 고유한 가치와 규범, 의미를 지니고 있습니다. 그런데 종종 이와 같은 차이가 지적인 우월함이나 열등함 또는 도덕적 가치로 평가되곤 합니다. 예를 들면, 조선 시대에 한반도를 방문한 서구인은 조선인을 '미개하고, 잔인하며, 야만적'이라고 묘사했습니다. 이는 서구 중심적 가치관을 표준으로 삼고, 그 기준을 바탕으로 비서구권 문화를 평가하고 판단하는 태도에서 비롯한 일이지요.

이러한 자문화 중심적 시각은 자신의 가치관과 세계관을 유일하고 절대적인 것으로 이해하고, 다른 문화의 사고와 행위를 우월함이나 열등함으로 판단한다는 점에서 문제적입니다. 이러한 시각은 타인을 동등하고 존엄한 존재가 아니라 열등한 존재, 나아가 통제하거나 지배해야 하는 대상으로 보게 합니다. 문화상대주의는 이와 같은 자문화 중심적 관점, 특히 서구 중심적 가치관에 대한 비판과 반성에서 시작되었습니다.

문화의 양식과 형태는 다양합니다. 문화상대주의는 각각의 문화가 가진 고유한 가치 체계와 특성을 인정하며, 각 문화가 특수한 역사적, 사회적 맥락을 바탕으로 형성되었음을 이해하고자 하는 관점입니다. 예를 들어, 인도의 히즈라 공동체는 서구의 이분법적 성별 개념으로는 이해하기 어려운 제3의 성을 기반으로 한 독특한 문화적 위치를 차지하고 있습니다. 이들은 종교적, 사회적 역할을 수행하며 고유한 문화적 의미를 유지해 왔는데요. 이분법적 관점에서 보면 단순히 '비정상적'이라는 평가로 끝날 가능성이 크지만, 문화상대주의의 시각에서는 히즈라 공동체가 속한 사회적, 역사적 맥락에서 이들의 삶의 의미를 이해하려고 노력합니다.

그러나 문화의 차이를 존중한다는 것이 문화에 기초한 폭력이나 억압을 정당화하거나, 윤리적 가치에 대한 대화를 거부한다는 뜻은 아닙니다. 그보다는 당연하게 여겨 온 기준, 특히 쉽게 보편으로 간주되는 지배적인 중심 가치에 대해 질문을 던지는 태도로 문화상대주의를 이해할 필요가 있습니다.

문화상대주의는 어떤 점에서 의미 있을까요? 무엇보다 서로 다른 문화가 공존하는 데 중요한 역할을 합니다. 절대적인 정상/비정상의 기준으로 타문화를 판단하기보다는 그들의 관점에서 삶의 방식을 이해하고자 하기 때문입니다. 문화상대주의를 통해 우리는 타문화를 더 깊이 있게 해석하고 더 넓게 이해할 수 있습니다. 또한, 문화상대주의적 시각은 우리가 당연하다고 여기는 것들에 질문을 던지게 합니다. 그로 인해 '나'를 새롭게 바라볼 수 있게 되지요.

자문화중심주의는 단지 타문화를 평가한다는 점에서만 문제가 아닙니다. 자신의 문화를 절대적인 기준으로 삼고 고정된 틀로 여기는 태도는 자기 자신에 대한 질문과 호기심마저 잃게 만듭니다. 다른 문화를 이해하지 못하는 만큼 자기 문화에 대한 이해 또한 얕아질 수 있습니다. 다른 문화를 그들의 고유한 맥락에서 해석해 보는 경험은 여러분의 세계를 더욱 다채롭고 깊이 있게 만들어 줄 것입니다.

4. 나답게 살기

본질주의

"눈치 보지 말고 너답게 살아."

사주 듣는 말입니다. 가슴을 두근거리게 하는 말이죠. 눈치 보기만 하지 않으면 간단하게 100퍼센트의 내가 될 것 같습니다. 나를 잘 들여다보기만 하면 '오롯한' 나를 찾을 수 있을 것 같지요. 다른 사람에 의해 휘둘리지 않는 내 모습을 곧 발견할 것 같습니다. 하지만 가끔은 막연합니다. 때로 나답게 살라는 말은 아주 무겁습니다. 나다운 것의 모든 부분이 나에게 달려 있다는 말처럼 들리니까요. 좀 더 적극적으로, 좀 더 용기 내서, 좀 더 침착하게 나를 들여다보면 되는데 못 하는 내가 문제인 것 같습니다. 나다워지는 것의 어려움은 가볍게 생략되어 있습니다. 청소년들은 가끔 내가 하고 싶은 말이 무엇인지조차 알기 어렵다고 말합니다. 서울에서 특성화 고등학교를 다니던 유성도 그랬습니다.

"가끔 친구들은 '주장을 얘기해 줬으면 좋겠다'고 내게 말한다. 늘 자기들만 얘기한다고, 내 얘기를 해 달라는 친구들. 내가 불편했던 경험을 솔직하게 얘기 안 하고 혼자 앓는 것 같아서 걱정된다는데, 나는 말문이 열리지 않았다. 내 주장을 얘기하는 게 무서웠다고 해야 할까. 나보다 더 좋은 의견들이 있을 것 같아서 많이 고민해 보고 대답을 한다. 내 주장이 틀려서 다른 사람들의 안 좋은 반응을 보는 게 나에게는 스트레스였다. 그래서 내 입은 잘 열리지 않았다. 이렇게 의견들을 미루고 다른 사람들의 주장을 따르는 난 가끔 내가 어떤 사람인가 헷갈릴 때가 있다."

이런 솔직한 고민에 그저 눈치 보지 말라는 처방을 내릴 수는 없습니다. 너무 간단하고 공허하기도 합니다. 이 모든 게 눈치 보는 사람, 충분히 강하지 못하고 마음이 약한 사람이라는 내 개인적 특성 때문인 것처럼 들리니까요. 사실 눈치 보지 말라는 말은 전혀 간단하지 않습니다. 이 말에는 사회적 압력을 버티고, 그것과 싸워 내라는 의미가 포함되어 있습니다. 나답지 못하게 가로막는 것이 인기 있는 또래

나 간섭하는 부모, 잔소리하는 교사만은 아닙니다. 한 명의 개인이 나를 가로막고 있다기보다는 그 안에 포함된 중심 서사, 즉 우리 사회가 당연하다고 생각하는 기준이 우리를 눈치 보게 하지요. 말하자면 '성적이 높아야 좋은 학생이다, 돈이 많아야 성공한 사람이다, 인기가 있어야 가치 있는 사람이다'라는 사회문화적 규범이 압력을 만듭니다. 눈치 보지 말라는 말에는 당연하게 여겨지는 문화적 틀을 넘어서라는 뜻이 포함되어 있습니다. 나다움을 찾는 과정에는 필연적으로 기존의 지배 서사와 부딪치는 순간들이 존재합니다.

예를 들면, 내향적인 사람은 자신의 모습을 찾아가는 과정에서 외향적인 성격을 선호하는 교실이나 기업 문화와 부딪치곤 합니다. 경쟁을 숭시하는 사회에서는 자신의 생각을 적극적으로 드러내고 말을 잘하는 사람이 더 인정받는 경향이 있기 때문입니다. 사회에서 특정한 성격에 어떤 의미를 부여하느냐에 따라 우리가 자신을 이해하는 방식도 달라집니다. 키가 평균보다 훌쩍 큰 여학생이 자신을 이해하는 과정에는 여성의 몸은 작고 가냘프고 아담해야 한다는 사회적 기준이 영향을 미치고, 성소수자 청소년이 나다움을 찾는 과정에는 이성애 중심의 사회와 문화가 압력으로 작동하듯이 말입니다. '나다움'을 찾으려면 사회와 문화에 대한 질문이 필요합니다. 나를 구성하는 것은 나 혼자만이 아닙니다.

여기서 한 가지 딜레마가 시작됩니다. 나를 이해하기 위해 사회를 들여다볼수록, 오히려 사회로부터 벗어나고 싶다는 생각이 들 수 있습니다. 사람들은 나를 알기 위해서는 다른 사람은 제외하고 나에게만 집중하자는 결론에 이르기도 합니다. 다른 존재들이 나다움을 방해한다고 생각하곤 하지요. 그러나 유성은 다르게 생각했습니다.

"조금 더 탄탄한 주장을 찾고 싶었다. 하지만 아직 나 혼자서 주장을 만들기엔 내 간도 작고 정확성이 떨어진다고 생각했다. 그래서 생각해 낸 것이 다른 사람들과 소통하며 함께 주장을 만드는 공간이었다."

내 주장을 찾기 위해 다른 사람과 소통한다는 말이 조금 낯설게 느껴지지 않나요? 나다움을 찾는 과정은 보통 독립과 자립의 과정으로 여겨집니다. 주변의 다른 사람은 나다움을 '오염'시키는 이들로 보일 때도 있지요. 우리는 혼자 고요히 생각할 때 가장 나다워질 수 있다는 믿음에 익숙합니다. 하지만 그 익숙한 믿음 앞에서 이런 질문이 떠오릅니다. 고요함 속에서 떠오른 그 생각이 과연 '나'로부터 온 것일까? 혹시 이미 내 안에 스며든 다른 이들의 목소리를 내 생각이라 착각한 것은 아닐까?

나와 내가 아닌 것을 구분하기는 쉽지 않습니다. 나를 '오직 나'만으로 채우는 것은 어려운 프로젝트입니다. 다른 사람과 조금도 비슷하지 않고, 조금도 연결되지 않을 때에야 나다움을 찾을 수 있을까요? 때로 청소년들은 혼자 있을 때에야 비로소 나다울 수 있다고 생각합니다. 하지만 혼자 있을 때조차 유튜브 너머 수많은 세상과 연결되며 내 마음과 생각은 변화하고 있습니다. 우리는 만남을 통해 나 자신을 만들어 갑니다. 어떤 것은 사회의 '정상' 기준과 부딪치면서, 또 어떤 부분은 친구와 포개지고 끈끈해지면서 만들어지죠.

좀 더 구체적으로 질문해 볼까요. 내가 즐겨 먹는 음식은 어떤 과정을 통해 좋아하게 되었나요? 나에게 중요한 기억은 어떤 상황에서 만들어졌나요? 나의 스타일을 보면 떠오르는 사람은 누구인가요? 혹시 나답게 되어 가는 길에 수많은 사람을 만나지는 않았나요? 나를 구성하는 것들이 순수하게, 본질적으로 나만의 것은 아닐 수도 있습니다. 인류학자 애나 칭은 송이버섯의 생태를 통해 우리가 이미 다른 것과 깊이 얽혀 '오염'되어 있다는 점을 드러냅니다. 송이버섯은 인간의 무차별적인 산림 벌채로 황폐해진 땅에서 소나무가 자라고, 그 나무뿌리에 붙은 송이균이 나무와 공생하는 환경에서 자라납니다. 그런 다음 여러 사람의 손을 거쳐 바다 건너로 유통되고요. 이 과정에 개입하는 여러 존재들은 생존을 위해 협력하고 마주치며 서로를 변형시킵니다. 송이버섯이 인간, 땅, 곰팡이와 소나무의 마주침을 통해 자라듯이 우리의 삶 역시 다양한 오염과의 마주침을 통해 만들어집니다. 인간 신체 세포의 90퍼센트가 박테리아, 바이러스, 곰팡이 등 미생물인 것처럼 말이죠.

따라서 나다움을 만드는 것은 나 혼자만의 몫이 아닙니다. 고유한 내가 되어 가는 과정에는 내가 만난 사람들, 내가 경험한 사건, 내가 머물던 장소, 내가 소속감을 느끼는 집단 등이 서로 얽혀 있습니다. 물론 곰팡이와 박테리아도 상당한 영향을 미치고요. 이 과정은 혼란스러울 수도 있습니다. 뚜렷하게 구분되지 않을 수도 있죠. 나는 하나의 모습으로 고정되어 있지 않기 때문입니다. 청소년 성소수자의 정체성 탐색에 관해 연구한 혜윰은 연구 과정에서 만난 사람들에 대해 이렇게 말합니다.

"연구를 진행하면서 다양한 사람을 만나지 않았다면 이 혼란이 왜 오는 걸까를 두고 '나한테도 자신이 없어서, 내가 갖고 있는 지향성이나 정체성에 대한 자신이 없어서 진짜 흔들리는 걸까'라는 생각이 들었을 수도 있었겠죠. 진짜 다양한 사람을 만나고 다양한 의견을 주고받으면서 '혼란이 왜 나빠, 나를 더 알아 갈 수도 있는데'라는 생각을 갖게 되고 그게 주제로 이어진 것 같아요."

정체성이 그러하듯 성 정체성 역시 유동적인 과정으로 볼 수 있습니다. 많은 학자들이 성 정체성과 성적 지향은 고정된 것이거나 나이를 먹으면 완성되는 것이 아니라고 말합니다. 그보다는 개인의 경험, 사회적 맥락, 생물학적 변화 등에 따라 바뀌거나 재구성될 수 있다고 합니다. 그런 점에서 혼란은 자연스러운 것이며, 나에 대해 더 잘 알아 가는 과정일 수 있습니다. 제가 만난 청소년들은 종종 자신에 대해 설명할 때 '잘 휩쓸리는 사람', '혼란스러운 사람'이라고 말하곤 했는데요. 그런 면을 꼭 문제라고 볼 필요는 없습니다. 그 말에는 유연하다는 뜻도, 아직 탐색 중이라는 뜻도 포함되어 있으니까요. 사람은 본래 휩쓸리는 게 당연하고, 혼란스러워하며 자기를 찾아가는 존재라고 볼 수 있습니다.

물론 정체성이 유동적이라는 말이 지금의 고민이 중요하지 않다는 뜻은 아닙니다. 변할 수 있으니 가짜라는 뜻도 아닙니다. 그보다는 우리 사회에서 어떤 정체성이 비정상 혹은 임시적이라 여겨지고, 어떤 정체성이 정상 혹은 진짜라고 인식되는지 들여다볼 필요가 있습니다. 이런 시각은 내 모습을 진짜나 가짜로 나누어 판단하는 태도를 달리 바라볼 수 있게 합니다. '정상'으로 분류되는 모습만 인정하고, '비정상'은 거부하는 태도도 돌아보게 하지요.

혼란과 변화는 지금에 이르기까지 했던 고민과 질문, 그리고 겹겹이 쌓인 이야기를 말해 줍니다. 이 이야기들은 결코 한순간에 만들어진 것이 아닙니다. 어느 날 문득 발견한 송이버섯이 갑자기 등장한 듯 보여도 그 순간까지 수많은 마주침과 사건이 있었던 것처럼 말입니다. 여러분이 마주한 수많은 만남과 질문이 고유한 여러분 자신을 만들어 왔고, 또 만들어 가고 있습니다. 그런 점에서 변화하는 것을, 혼란을 느끼는 것을 두려워할 필요는 없습니다. 그보다는 내가 거쳐 온 이야기들을 눈여겨보고, 이 이야기가 가고자 하는 방향을 이해하는 것이 필요합니다. 그리고 내가 위치해 있는 이 사회와 문화, 마주치는 존재들에 대해 함께 생각해 보아야겠지요. 이렇게 보면 우리의 삶은 얼룩덜룩 오염된 세계이기도 하면서, 방대한 다양성이 공존하는 우주일 수도 있겠습니다.

본질주의

본질주의는 모든 존재가 고유한 본질을 가지고 있으며, 이러한 속성이 특정 집단이나 개인의 정체성을 규정한다고 보는 관점입니다. 흑인은 운동을 잘하고, 동아시아인은 집단주의적이며, 여성은 모성을 가지고 있다는 믿음이 그 예입니다. 이러한 시각에서는 본질이 역사적, 사회적, 문화적 맥락과 관계없이 변화하지 않는다고 믿습니다. 어느 시대든 어떤 사회든 성별에 따라 할 일이 정해져 있고, 민족에 따라 특정한 성향이 있으며, 인종에 따라 잘하는 분야가 존재한다고 보지요. 본질에 따른 특성을 가지는 것은 자연스럽고 필연적이며, 같은 범주의 사람은 동일한 특성을 지닌다고 보는 것 또한 본질주의 관점입니다.

이와 같은 관점은 사회 변동과 역사적 맥락에 따른 변화를 충분히 설명하지 못합니다. 집단 내 다양성과 복잡성을 간과하기 쉽고요. 또한 각 범주에 속한 사람들 간에 위계를 만들고, 그에 따르는 차별을 자연스럽게 여기기도 합니다. 운동을 잘하는 신체적 능력을 가졌다는 본질이 지적 능력이 결핍되어 있다는 시각과 긴밀히 연결되어 있는 것처럼 말이죠. 따라서 누가 어떤 본질을 가지고 있다고 설명되는지 지켜볼 필요가 있습니다.

이와 같은 본질주의 관점에서 '나'를 이해한다면 어떤 일이 생길까요? 자아, 즉 나다움의 핵심이 본래부터 존재하며, 우리의 삶은 그 본질을 알아차리거나 실현하는 과정이라 여기게 됩니다. '나'라는 순수한 본질이 있다고 가정하면 타자와의 마주침은 나를 침범하는 것, 순수한 나를 '오염'시키는 위험한 것으로 간주하게 됩니다. 이렇게 되면 다른 사람과의 관계는 나의 본질을 드러내고 확장하는 계기가 아니라 흐리고 위협하는 것이 되고 말지요. 타자와의 상호 작용 속에서 생겨나는 변화나 모호함을 불안정하거나 부정적인 것으로 간주할 때, 자아는 끊임없이 자신을 방어하거나 '진짜 나'를 유지하기 위해 타자를 배제하려는 경향을 띠게 됩니다.

문화인류학에서는 본질을 자연적 사실이거나 고정된 실체라기보다는 문화적 믿음의 산물에 가깝다고 봅니다. 흑인이 운동을 잘한다는 것은 생물학적 진리가 아니라 사회

1부 정체성, 우리는 다양하고 복잡한 존재

적 이해입니다. 특정한 사회 영역에서만, 특히 특정 스포츠에서만 이들의 활약이 부각된다는 점을 들여다볼 필요가 있습니다. 여성의 모성 역시 본능적으로 발현되는 것이라기보다는 사회적 기대와 성 역할 등이 학습된 결과라고 볼 수 있습니다. 마찬가지로 자아는 특정한 본질을 지닌 존재가 아니라, 관계와 맥락 속에서 끊임없이 구성되고 해석되는 존재입니다. 즉 '나다움'은 처음부터 주어지는 것이 아니라, 타자와 마주치는 과정에서 형성되고 변화하는 것입니다. 이런 관점에서 보면 타자는 나를 위협하거나 오염시키는 존재가 아니라, 나를 만들어 내는 관계적 조건이자 재창조할 가능성으로 새롭게 이해해 볼 수 있습니다.

5. 나를 편집하기

자아 정체성

여러분은 스마트폰의 전화 기능을 얼마나 사용하나요? 애초에 스마트폰 자체가 휴대전화인 만큼 이런 질문이 낯설게 느껴질 수도 있겠습니다. 하지만 다른 사람과 연락을 할 때 사용하는 방법은 다양하죠. 통화도 있고, 영상 통화도 있고, 문자나 다이렉트 메시지 Direct Message(DM)도 있고, 이메일도 있습니다. 여러분은 어떤 방법을 선호하세요? 다양한 마케팅 설문조사에 따르면 청년 세대는 연락 수단으로 전화 통화를 선호하는 비율이 매우 낮다고 합니다. 문자 메시지 사용 빈도조차 급격히 줄어들고 있다고 하지요. 10대들 역시 친구를 사귀면 전화번호보다는 인스타그램 등 소셜 네트워크 서비스Social Network Service(SNS) 주소를 교환하는 경우가 많습니다.

왜 우리는 통화보다 SNS나 메시지를 더 선호할까요? 사회학자 셰리 터클은 그 이유를 편집 가능성에서 찾았습니다. 온라인으로 주고받는 텍스트와 이미지는 전화 통화보다 편집하고 수정하기 쉽습니다. 업로드 전까지, 또는 업로드 이후에도 나를 원하는 대로 표현하고 고치고 바꿀 수 있죠. 편집에 대한 열망은 강력합니다. 대학 수업에서 이 주제에 관해 토론할 때 전화보다 메시지를 선호한다는 학생이 절반을 넘었는데요. 그 이유를 물으니 내가 편집, 즉 통제할 수 있다는 점과 관련된 대답이 많았습니다. 전화는 실시간으로 반응을 해야 해서 사전에 준비한 대로 흘러가지 않을 가능성이 높고, 이미 한 말을 삭제할 수도 없으니까요. 어색하게 침묵이 흐르는 순간이 오고, 그렇다고 아무 때나 끊어버릴 수도 없습니다. 때로는 실수로 너무 많은 정보가 노출됩니다. 제가 대학에서 만난 학생들은 통화를 위해 '대본'을 미리 작성한다고 말하기도 했는데요. 대본은 이런 변동 가능성을 최대한 통제해 보고자 하는 시도라고 볼 수 있습니다.

대본이라는 말은 우리가 일종의 연기를 하고 있다는 점을 인식하게 합니다. 사회학자 어빙 고프먼은 일상생활에서 하는 사회적 상호 작용 역시 연극처럼 연출에 의해 배역이

나뉘고, 우리는 그에 맞는 연기를 한다는 점을 밝힌 적이 있습니다. 인상 관리는 중요한 기술입니다. 역할에 맞게 나의 얼굴과 표정, 목소리를 만들어야 하지요. 자세와 눈빛, 말투를 통해 내가 어떤 사람인지가 지속적으로 연출되어야 합니다. 우리는 면접시험을 볼 때 자신을 있는 그대로 보이기보다는 특정한 어떤 사람을 연기하려고 합니다. 밝고 긍정적이고 도전적이며 진취적인 인물로 보이고 싶어 하지요. 학교에서, 학원에서, 아르바이트 장소에서, 가족 모임에서, PC방에서 제각각 걸맞은 다른 자아를 '꺼내서' 필요에 대응하곤 합니다. '자아를 꺼낸다'라는 말은 흥미롭습니다. 우리 안에 굉장히 다양한 면이 있다는 걸 말해 주니까요.

우리 사회에서 '자아 연출'이 면접시험을 볼 때나 일할 때만 요구되는 건 아닙니다. 인스타그램에 올릴 수 있는 '나'를 생각해 볼까요? 인스타그램 속 여러분은 어떤 삶을 살고 있나요? 조금은 더 멋져 보이고, 더 많은 곳에 가고, 더 많은 친구가 있고, 더 행복해 보이지 않나요? 인스타그램 전용 자아가 있다고도 볼 수 있습니다. 나를 잘 편집하는 것은 중요한 기술입니다. 한국 사회는 나를 편집하는 법을 다각도로 가르치고 있습니다. 자기소개서 쓰는 법부터 동아리 면접에 어울리는 어투와 표정, SNS 관리법과 셀카 각도까지 자신을 편집하는 방법을 온라인과 오프라인을 넘나들며 배우고 있지요. 그렇다고 이게 꼭 '가짜'라는 뜻은 아닙니다. 그 특징들을 연기하면서 자아를 새로이 통합해 가기도 하니까요. '진짜' 자아가 따로 있다고 말할 수도 없습니다. 우리는 다양한 자아를 연기하며 살아가고, '나'는 일관적이기보다는 복잡하고 모순적인 존재일 가능성이 높으니까요.

문제는 연기해야 하는 얼굴이 다양하지 않고 하나의 표정일 때입니다. 어떤 자아만 꺼내서 계속 써야 한다면 갑갑한 일입니다. 청소년들의 중요한 무대 중 하나는 친구들 앞입니다. 또래를 대상으로 한 이 무대에는 금기가 있습니다. '갑분싸 갑자기 분위기 싸해진다', 즉 분위기가 가라앉거나 어색해지는 상태를 만들면 안 됩니다. '갑분싸'는 용서가 안 된다. 청소년들이 자주 하는 말입니다. 어떤 말이나 행동을 할 때 중요한 기준이 된다는 거죠. 이 기준은 특정한 자아를 연기하게 합니다. '청소년은 왜 우울하다고 말하지 못할까'에 대해 연구한 청소년 연구자들은 우울함을 드러내는 것이 '갑분싸'라고 말합니다. 청소년에게 진지한 이야기, 우울한 이야기, 심각한 이야기가 허용되는 공간은 거의 없습니다. 힘겹게 자신의 우울 경험을 밝히면 그만큼 위험이 따라옵니다. 자신의 약점이자 오점이 됩니다. 사회가 '정상'이라고 생각하는 기준에서 어긋난 사람에게는 다양한 낙인이 따라옵니다. 그래서 청소년들은 높은 '텐션'을 유지하기로 합니다.

재미있고 신나고 들뜨는 이야기를 나누면 즐겁습니다. 친구들과 다 함께 웃을 때 느끼는 기쁨과 따뜻함은 분명 가치 있는 것입니다. 하지만 사람은 다양한 감정을 가지고 있고, 한국 사회에서 10대로 사는 것은 마냥 웃을 수 있는 일은 아닙니다. 10대들은 불안에 떨기도 하고, 무언가 잘못되었다는 수치심을 느끼기도 하며, 도저히 어떻게 할 수 없다는 생각에 슬픔을 느끼기도 합니다. 그럼에도 친구 사이에서 이런 감정을 공유하는 것은 바람직하게 여겨지지 않습니다. 우울 경험에 대해 되도록 주변에 말하지 않아야 한다는 의견을 밝힌 청소년은 우울하다고 말하는 건 상대를 '감정 쓰레기통'으로 쓰는 일이자 '민폐'라고 말합니다. 나의 고민을 말하는 것은 다른 사람의 기운을 빼앗는 일이고, 다 함께 만들어 온 분위기를 망치는 일이라고요. 이런 상황에서는 그저 혼자 버티는 것만이 방법이라고 청소년들은 말했습니다. 물론 상대를 감정적으로 착취하는 것은 바람직하다고 보기 어렵습니다. 그러나 각자 고립과 침묵으로 그 시간을 버티는 것만이 최선이라고 말하는 건 위험합니다. 청소년에게는 무대 뒤에서 연기의 고충을 나누고 서로 위로하며 공모하는 팀이 필요합니다.

한 가지 모습만 연기하며 사는 건 거의 불가능합니다. 다양한 나에 대한 열망은 언제고 고개를 듭니다. 온라인은 다양한 내 얼굴을 탐색해 볼 수 있는 장소입니다. 청소년들은 드물지 않게 SNS '부계 부계정'와 '비계 비공개 계정'를 가지고 있습니다. 부계나 비계에서는 '본계 본계정'에서 하지 못한 우울한 이야기를 하기도 하고, 덜 꾸며진 얼굴을 보여 주기도 하죠. 다른 방식으로 편집된, 또는 그동안 말하지 않은 나를 공유하고 싶다는 욕망 때문입니다. 재미있게도 분명 시작은 부계 또는 비계였는데, 점점 친구가 늘어나서 본계와 경계가 모호해지는 일이 꽤 자주 일어납니다. 우리의 연기는 하나의 캐릭터에만 집중해서 매끄럽게 유지되지 않습니다. 불쑥불쑥 모순된 면이 튀어나오죠. 한 가지 모습으로만 산다는 건 어쩌면 불가능한 일입니다.

사실 사람들은 매끈하게 편집된 타인을 참기 힘들어합니다. 유튜브 크리에이터의 진정성 논란이나 '억지 텐션' 감별에서 보듯이 말이죠. 생생한, 조금은 더 진짜인 것을 찾고 싶어 합니다. Z세대 1990년대 후반~2010년대 초반 출생자를 연구한 인류학자 로버타 카츠 등은 이들이 진정성을 중요한 가치로 삼으며 진정한 소통을 갈망한다고 말합니다. 더욱 풍부한 정보를 주고받을 때만 서로 깊게 연결된다는 것을 이미 알고 있기 때문일까요? 편집된 모습에 유대감을 느끼며 열정과 위로를 주고받기는 어려운 일입니다. '억지 텐션'이 아닌 '진짜 텐션'을 원하는 이유도 여기에 있겠지요. 중요한 건 이 '진짜 텐션'에도 다양한 모습이 있다는 점입니다. 언젠가 한 프로젝트에 참가한 청소년이 차분하게 가라앉은 표정으로 별다른 발언도 하지 않고 쉬는 시간에도 홀로 앉아 있을 때 저는 그 청소년을 걱정했습니다. 곧 그만둘 거라 생각하면서 뭔가 마음에 들지 않는 점이 있는지 물어 보려 했습니다. 하지만 그 청소년은 거의 빠지지 않고 매번 다시 왔고, 소감을 나누는 자리에서 이렇게 말했습니다.

"여기에 오면 조용해져요. 학교나 학원에서는 애들 분위기 깨면 안 되니까, 또 날 불편하게 생각하면 어쩌지 싶어서 막 활발하게 말하는데, 여기서는 안 그래도 되니까."

그는 또 다른 자기다운 시간을 보내고 있었습니다. 꼭 웃는 얼굴, 기운찬 말투여야 의미 있는 시간을 보내고 있는 것은 아닙니다. 가라앉은 분위기 속에서도 따뜻한 마음은 가능합니다. 소리 내 웃더라도 그저 서늘할 때가 있는 것처럼요. 다양한 모습을 보여 줄 수 있는 장소에서 우리는 또 다른 새로운 나를 발명해 나갈 수 있습니다.

자아 정체성

전통적 관점에서 자아 정체성은 일관되고 변하지 않는 하나의 본질이라고 여겨 왔습니다. 우리는 특정한 씨앗을 가지고 태어나서 그것을 꽃 피우는 방식으로 자라난다고 생각하기도 했지요. 어떤 본질적 특징과 일관성이 있다는 것입니다. 그러나 이러한 관점은 인류학, 사회학, 심리학, 역사학, 진화론의 연구들에 의해 도전받고 있습니다. 하나의 고정적이고 안정적인 자아가 존재한다는 믿음에 새로운 시각이 제시되었습니다. 이들 학문은 자아를 고정된 실체가 아닌, 관계와 경험 속에서 유동적으로 재구성되는 과정으로 바라봅니다.

사회학자 어빙 고프먼은 우리가 단 하나의 진정한 자아를 가지고 있다기보다는 다양한 사회적 관계 안에서 일상적으로 상호 작용하며 다양한 가면으로 사회적 자아를 연출한다고 말합니다. 사람을 뜻하는 영어 단어 'person'은 가면을 뜻하는 고전 라틴어 '페르소나persona'에서 비롯되었다고 하지요. 고대 그리스 가면극에서 배우들이 썼다 벗었다 하던 가면을 가리키는 단어라고 합니다. 우리의 인격 또는 자아 정체성은 상황에 따라 다양한 가면을 바꿔 쓰는 역할 연기일 수도 있습니다. 페르소나는 공적인 영역에서 다른 사람에게 보여 주기 위한 정체성이라는 점에서 때로 본성 또는 참자아와 비교되기도 하지만, 많은 연구자가 본질적인 진짜 자아가 있다는 점에 의문을 표합니다. 정체성을 하나의 고정된 특성 또는 진짜와 가짜, 본성과 연기로 분류하는 것보다는 상황에 따라 복수로 유지되며 여러 역할과 관계 속에서 만들어 가는 것이라고 보는 편이 타당하다는 것입니다.

따라서 자아 정체성은 되어 가는 과정이라고도 할 수 있습니다. 내 안에 이미 자리 잡고 있는 뿌리에 의해 결정된다기보다는 계속해서 만들어 가는 것이라는 뜻입니다. 나의 과거만큼이나 나의 미래, 즉 내가 어떤 사람이 되고자 하는지가 자아 정체성의 중요한 부분일 수 있습니다. 문화학자 스튜어트 홀은 정체성을 복수의 형태, 즉 '정체성들'이라고 지칭하며 하나로 고정된 것이 아니라 다양한 모습으로 계속해서 변화하는 것으로 보았습니다. 이렇게 정체성을 본질이 아니라 과정으로, 단수가 아니라 복수로 이해하는 것은 어떤 점에서 유의미할까요. 무엇보다 우리 안에 다양한 모습이 있다는 점을 인정할 수 있습니다. 진짜/가짜, 본질/거짓이라는 이분법으로 자아를 이해하기보다는 우리 안의 복잡성을 폭넓게 받아들일 수 있죠. 또한 처한 상황이나 사회적 관계에 따라 자아가 변화한다는 점을 이해하면 '나'를 진공 상태에 홀로 있는 존재가 아니라, 여러 사람과의 연결 속에서 상호 의존하는 존재로 바라볼 수 있습니다.

6. 요즘 애들은
자기밖에 몰라

타자화

현대 사회를 살아가는 사람 중에 '이기적'이라고 불리는 집단이 있습니다. 바로 '요즘 젊은 세대'입니다. 이들이 자기중심적이라는 평가는 일종의 공통된 패턴으로 나타납니다. 한국리서치에서 만 18세부터 만 28세까지를 지칭하는 Z세대의 성향에 대해 여론 조사를 한 결과, 만 29세 이상의 윗세대는 Z세대의 가장 대표적인 특징 중 하나로 '개인 이익추구'를 골랐습니다. 다른 사람과 함께 어울려 살기보다는 사적인 이익을 추구한다는 것이지요. 여러 마케팅 조사에서 이들은 '나'를 중시하며 실질적인 이익을 추구하는 세대로 묘사되기도 합니다. 나에게 이익이 되지 않는 것에는 좀처

1부 정체성, 우리는 다양하고 복잡한 존재

럼 관심이 없다고 해석되기도 하고요.

이런 특성은 대학에서 총학생회가 사라지는 현상과 연결되어 해석되기도 합니다. 언론 보도에 따르면, 수도권과 비수도권을 가리지 않고 대학에서 후보가 부족하거나 총 투표수가 기준에 미달해서 총학생회를 선출하지 못하는 경우가 많다고 합니다. 이 기간이 3년이 넘어가기도 하고요. 과거 학생 자치와 청년 정치의 중심으로 여겨졌던 학생회가 이제 그 의미를 잃어 가는 걸까요? 전문가들은 계속되는 취업난, 경제 위기 속에서 자기 계발이나 스펙 쌓기에 집중하는 사람들, 즉 '나'에게 집중하는 세대가 등장했기 때문이라고 말합니다. 대학에서만 이런 현상이 일어나는 건 아닙니다. 기업에서는 2030세대 직장인들의 새로운 행동 양식에 주목하고 있습니다. 시키는 일만 최소한으로 하는 '조용한 사직'이라는 개념이 등장하는가 하면, 일부 조사에서는 승진을 원하지 않는다는 사람이 과반수를 차지하기도 합니다. 이를 통해 2030세대는 조직에 대한 헌신도가 낮다고 해석되기도 합니다.

그렇다면 10대들은 어떨까요? 2010년 이후 출생한 알파 세대를 대상으로 한 마케팅 조사에 따르면, 이들은 윗세대인 Z세대보다도 더욱 '나' 중심적인 성향을 보인다고 합니다. 이에 대해 알파 세대가 형제나 자매 없이 혼자 자라며 가족과 친지의 자원을 독점해 왔기 때문이라는 해석이 제시되고 있고요. 지금쯤 여러분은 제가 각종 조사 결과를 언급하며 '해석'이라는 단어를 빈번하게 쓰고 있다는 점을 눈치채셨을 겁니다. 즉 어떤 세대에 대한 이해는 그 자체로서 사실이라기보다는 의미를 붙이고 판단하는 과정을 통해 구성되는 것이라 할 수 있습니다. 젊은 세대의 행동을 어떤 규칙이나 표준에 따라 측정해 '자기중심적'이라는 결과가 나온 것이 아니라, 사람들이 해석을 통해 그런 의미를 붙였다는 뜻입니다. 해석은 고정된 결과도 아니고, 변하지 않는 기준이라고 볼 수도 없습니다. 따라서 이 해석이 과연 적절한지 질문이 필요합니다.

여러분은 요즘 청년과 청소년이 자기중심적이라는 해석에 동의하시나요? 저는 대학 수업에서 비슷한 질문을 던진 적이 있습니다. 학생들에게 '젊은 세대는 이기적이다'라는 말에 대해 어떻게 생각하느냐고 물어보았는데요. 대답은 좀 놀라웠습니다. 적지 않은 학생이 그 말에 동의한다고 답했기 때문입니다. 동의하는 학생들의 해석은 다음과 같았습니다. 요즘 사람들은 대체로 계산적이며, 옛날에 비해 사람 사이에 정이 없고 자기중심적으로 생각하고 행동한다고요.

요즘 세대가 '나'밖에 모른다는 인식은 당사자를 포함한 많은 사람들의 공감을 얻고 있습니다. 청년과 청소년을 바라보는 지배적인 서사로 자리 잡았지요.

하지만 학생들의 해석은 한 가지가 아니었습니다. 질문도 함께 나왔습니다. 과연 젊은 세대는 이기적이기만 할까? 혹시 관계를 맺는 방식이 기성세대와 다른 건 아닐까? 삶에 대한 가치관이 다른 건 아닐까? 이는 '요즘 애들은 이기적이다'라는 평가가 문화 차이에서 비롯한 건 아닌지 묻는 질문입니다. 사실 '요즘 세대는 자기밖에 모른다'는 평가가 새로운 것은 아닙니다. 1997년 한 신문에는 「X세대, '나'만 있고 '우리'는 없다」라는 제목의 기사가 실렸습니다. X세대는 지금의 40대 중반부터 50대 중반 사이의 사람들을 일컫는 말입니다. 말하자면, 30년 전에는 현재의 기성세대 역시 자기중심적이라는 평가를 받았다는 거죠. 흥미롭지 않나요? 이런 평가가 시대마다 반복되기 때문에 별 의미가 없다는 말을 하려는 것은 아닙니다. '젊은 세대는 자기중심적이다'라는 주장은 한 세대가 삶의 양식이 다른 집단, 즉 문화가 다른 사람들을 만났을 때 상대를 어떤 방식으로 이해하는지를 보여 줍니다.

문화인류학은 타자화라는 개념을 통해 다른 집단과의

차이를 강조하는 시각, 즉 상대를 나와 비슷한 사람으로 보기보다는 '다른 존재'로 보는 관점의 위험성을 지적합니다. 타자화는 단순히 '다름'을 인식하는 것을 넘어, 그 다름에 부정적인 가치를 부여하고 위아래를 설정하는 과정으로 이어지기 때문입니다. 나와 다른 상대를 '부도덕한', '비정상적인', 혹은 '이해할 수 없는' 존재로 규정함으로써 우리는 스스로의 정체성을 우월하고 정상적인 것으로 만듭니다.

비교문학자 에드워드 사이드는 서구가 동양을 특정한 방식으로 묘사하고 해석하여 둘 사이의 차이와 우열을 만들어 내는 양상을 추적합니다. 서구의 시각에서 동양은 '미개'하고 '야만'적인 동시에 '신비로운' 과거의 존재로 등장합니다. 이 과정에서 서구는 자연스럽게 합리적이며 문명화된 존재로 자리 잡게 되지요. 이처럼 타자화는 나를 기준으로 '다른 존재'를 이해하는 방식의 문제점을 보여 줄 뿐 아니라 그런 시선을 취하는 나 자신의 욕망에 대해서도 말해 줍니다. 말하자면 젊은 세대는 자기중심적이라는 서사는 청년과 청소년을 '다른 존재'로 정의하여 그들 삶의 맥락을 이해하기 어렵게 할 뿐 아니라, 다른 한편으로 그 말을 하는 사람을 '자기중심적이지 않은', 즉 도덕적으로 우위에 있는 사람으로 위치 짓습니다.

그런데 청년과 청소년은 자기중심적인 면만 있을까요? 착한 사람도 있다는 말을 하려는 건 아닙니다. 그보다는 관계를 맺는 새로운 방식에 주목하고 싶습니다. 제가 흥미롭게 본 것은 '무나' 문화입니다. '무나'는 '무료 나눔'의 축약어인데요. 팬덤 활동을 하는 청소년들은 종종 콘서트나 팬미팅 등 공개 행사에 참여할 때 '무나용' 자체 제작 물품을 만들어 배포합니다. 그 물품은 2000장의 스티커일 때도 있고, 50개의 간식 봉지일 때도 있으며, 100개의 종이 배너일 때도 있습니다. 이들은 얼굴을 알지 못하는, 만난 적도 없는, 하지만 같은 스타를 좋아하는 사람들을 위해 대가 없이 무료 물품을 제작하고 포장하여 배포합니다. 만나서 직접 줄 때도 있지만, 공연장 어느 구석에 놓고 자유롭게 가져가게 하기도 합니다. 물품을 받기 위해 반드시 팬덤임을 입증해야 하는 것도 아닙니다. 서로 다른 팬덤끼리 물품을 교환하기도 하니까요. 행사가 끝난 뒤에는 그렇게 받은 물품들의 '인증샷'을 SNS에 올려 자신이 느낀 '따수움'을 표현하기도 합니다. 이런 자발적 나눔의 문화를 '자기밖에 모르는 사람'이라는 틀로 이해하기란 쉽지 않지요.

흥미롭게도 이들 Z세대에 대한 마케팅 조사에 따르면, 이들은 제품을 구매할 때 브랜드의 성공뿐만 아니라 사회적 기여와 사회 정의의 문제에도 관심을 가진다고 합니다. '나'만 생각하는 사람들이 물건을 고를 때 윤리적 가치까지 고려한다는 것은 선뜻 이해가 되지 않습니다. 청소년들이 얼마나 다면적인 존재인지 알 수 있지요.

자기중심적이라고 해석되는 행동들은 고민과 탐색의 과정일 수도 있습니다. 학생회의 구성과 성립이 어려운 것은 '누가 우리를 대표할 수 있을까'라는 질문이 끝나지 않았기 때문일 수 있습니다. 2024년 한 대학교에서는 총학생회가 아니라 어떤 한 학생이 발의한 선언에 2000여 명이 서명을 하고 함께 목소리를 높이는 일이 있었는데요. 이는 기존의 학생회를 넘어 새로운 방식의 연대와 조직이 가능함을 보여 준다고도 할 수 있습니다. 사회 초년생들의 '승진하지 않겠다'라는 입장 역시 새로운 삶의 양식에 대한 시도일 수 있습니다. 이런 사람이 늘어난 것은 한국만의 상황은 아닙니다. 일본에서도 2018년 생산성 조사에 따르면 사장이 되겠다는 사람의 수가 최저치를 기록했다고 합니다. 이러한 태도를 열정 미달, 리더십 부족이라고 이해할 수도 있지만, 삶에 대한 가치관이 달라졌다고도 볼 수 있습니다. 말하자면 꼭대기에 가는 것, 성공하는 것이 그렇게 큰 의미가 없다는 뜻은 아닐까요? 성공보다는 내 삶의 의미를 더 고민한다고도 해석할 수 있습니다. 즉 정상을 추구하면서 생의 과업, 주로 승진과 성공을 달성해 클라이맥스에 이르는 방식으로 삶을 이해하기보다는 뒤도 돌아보고 옆도 돌아보며 다른 의미를 탐색하는 과정인지도 모릅니다.

'젊은 세대는 자기중심적이다, 아니다'라는 담론은 세대 간의 문화적 차이를 옳고 그름이라는 도덕의 문제로 만드는 위험이 있습니다. 물론 현대인의 자기중심성은 성찰할 만한 주제입니다만, 이것이 특정 세대의 문제가 될 때 성찰의 범위와 의미는 상당히 좁아지겠지요. 사실 현대인의 자기중심성은 단순히 개인의 성향 또는 세대의 특징이라기보다는 일종의 보편적 현상으로 볼 수 있습니다. 경쟁 중심의 교육과 불안정한 노동 환경, 디지털 미디어의 발달 등은 현대인이 자신의 감정, 이익, 성공에만 집중하게 하는 조건을 제공합니다. 교육도, 취업도, 노후도 내 손에 달려 있다고 믿는 사회에서는 각자도생이 자연스러운 문법이 될 수밖에 없지요. 이런 사회에서 사회적인 것을 상상하기란 쉽지 않습니다. 개인은 점점 더 타인과의 연대보다는 자신의 성공과 생존에 집중하게 됩니다.

이와 같은 사회문화적 맥락을 간과한 채 특정 집단을 '자기중심적'이라고 호명할 때 정작 중요한 문제는 시야에서 사라집니다. 우리 사회의 불안과 욕망, 문화적 압력은 보이지 않게 되지요. 타자화는 종종 이와 같은 사회적 문제에서 시선을 돌리는 데 이용됩니다. 사회 전체가 불안에 시달릴 때 '다른' 집단에게 문제를 떠넘기는 일을 하지요. '자기밖에 모르는 요즘 애들'이라는 인식은 어쩌면 급변하는 사회에 대한 막연한 두려움을 드러내는 것일지도 모릅니다. 그 이면에는 지역 공동체의 해체, 소속감과 유대감의 상실, 심화되는 경쟁과 갈등이 만들어 내는 깊은 불안이 자리하고 있는 것은 아닐까요? 따라서 특정 집단을 어떤 본질적인 특성과 연결하여 치켜세우거나 낮춰 보는 방식에 대해 질문을 던질 필요가 있습니다. 내가 타인을 '다른 존재'로 대하는 방식은 어쩌면 타인보다는 나에 대해 더 많은 것을 말해 주는지도 모르겠습니다.

타자화

타자화는 특정 집단을 나와 동등한 존재가 아니라 본질적으로 다른 특성을 가진 '다른 존재'로 규정하는 관점을 의미합니다. 이러한 시각은 나와 그 집단 사이의 차이점을 강조하며, 그 집단에 속한 사람들이 나처럼 생각하고 느끼고 살아가는 다양한 개인이라는 사실을 간과하게 만듭니다. 예를 들어 특정 집단 전체를 '감정적이다' 혹은 '계산적이다' 같은 본질적 특성으로 묶어 설명하며, 그 안의 복잡성과 다양성을 인정하지 않는 것이 타자화의 한 방식입니다.

타자화의 과정에서 세상은 종종 '우리'와 '그들'로 나뉩니다. 여기서 '그들'은 사회적 소수자를 지칭할 때가 많지요. 가난한 사람, 여성, 장애인, 이민자, 흑인, 성소수자, 북한 이탈 주민은 '나'와 다른 존재가 됩니다. 그들의 고유한 감정이나 맥락, 주체성은 사라지고 집단의 '본질적' 특징만 남습니다. 이들을 일종의 대상이자 객체로 여긴다는 점에서 타자화는 매우 문제적입니다.

또한 타자화는 단순히 대상을 규정하는 것을 넘어 나와 그 대상의 관계에 불균형과 위계를 만들어 냅니다. 에드워드 사이드가 분석한 것처럼 서구가 동양을 '신비롭지만 미개한' 존재로 묘사하는 방식은 동양을 특정한 틀에 가두는 동시에 서구 자신을 '합리적이고 문명화된' 존재, 우월한 존재로 정의하는 효과를 낳습니다. '다른 존재'를 나의 기준에서 이해하고 평가할 뿐 아니라, 나를 상대적으로 우월한 위치에 놓는 것이지요. 따라서 타자화는 '그들'에 대한 이야기가 아니라 '나' 또는 '우리'의 정체성을 규정하고 강화하는 과정이라고도 볼 수 있습니다.

타자를 낯설고 이질적인 존재, 스스로 생각할 수 없는 존재, 상식이 부족한 집단, 비이성적이고 비합리적인 인간으로 보면 함께 살기가 어려워집니다. 우리와 분리해 살게 해야겠다고 생각하게 되지요. 법적, 제도적으로 통제해야겠다고 마음먹게 됩니다. 이처럼 다른 집단을 타자화하는 관점은 상호 이해보다는 분리, 통제, 동화同化의 논리를 강화할 수 있으며, 나아가 지배-피지배 관계를 정당화하는 근거로 작용하기도 합니다. 이러한 논리는 과거 제국주의가 전 세계에 퍼져 나가는 이념적 토대가 되기도 했습니다. 현대의 문화인류학자들은 초기 인류학 연구가 서구 중심적 시각에서 비서구 사회를 이질적인 대상으로 보고 연구하며 타자화하는 과정에 기여했을 수 있다는 점을 비판적으로 성찰하고 있습니다.

타자화의 관점을 성찰하는 것은 어떤 점에서 유의미할까요. 타자화는 '그들'의 방향으로만 작동하지 않습니다. 내 안의 수많은 타자, 즉 소수자적인 특성과 약자로서의 측면을 인정하지 못하게 합니다. 마치 외부의 특정 집단을 '다르다'고 규정하며 거리를 두는 것처럼, 내 안의 받아들이기 힘든 부분이나 중심 문화에서 부정적으로 여겨지는 특성을 외면하고 억누르게 하지요. 그러므로 나와 타자는 분리되어 있다기보다는 꽤 가까이 연결되어 있다고 볼 수 있습니다.

7. 돈이 제일 좋아

의미

2023년 통계청이 13~19세의 청소년에게 직업을 고를 때 가장 중요하게 생각하는 요소가 무엇이냐고 물었습니다. 청소년들은 뭐라고 답했을까요? 제가 이 질문을 여러 수업에서 해 보았는데요. 제가 선택지를 주기도 전에 학생들은 이구동성으로 대답했습니다. "돈!"이라고요. 실제 결과는 어땠을까요? 학생들의 짐작이 맞았습니다. 조사 결과 35.7퍼센트가 직업을 고를 때 '수입'을 가장 중요하게 생각한다고 답했습니다. 2위는 적성과 흥미로 30.6퍼센트를 차지했습니다. 당연한 결과인가요? 그렇게 볼 수는 없습니다. 왜냐하면 10년 전인 2013년에는 적성과 흥미가 1위였거든요. 이 질문

1부 정체성, 우리는 다양하고 복잡한 존재

은 직업을 둘러싼 가치에 대한 질문이기도 하지요. 수입은 경제적 가치를, 적성과 흥미는 자아실현의 가치를, 관계나 명예, 사회 기여 등은 사회적 가치를 포함한다고 볼 수 있습니다. 경제적 가치가 삶의 기회와 질을 결정하는 중요한 기준임은 틀림없습니다. 여기서 이야기하고자 하는 것은 '돈이 중요하지 않다', 혹은 '돈보다 적성을 고려해라'가 아닙니다. '청소년에게 일과 돈의 의미는 무엇일까'라는 질문입니다. 경제적 가치에는 늘 생각보다 많은 의미가 붙어 있기 때문입니다.

인류학자 브로니슬라브 말리노프스키는 남태평양 트로브리안드 군도에서 선물을 주고받는 방식을 연구하여 경제 활동이 더 넓은 사회문화적 의미와 연결되어 있다는 것을 드러냈습니다. 트로브리안드 군도를 포함한 여러 섬들에서는 '쿨라 교환'이라는 독특한 선물 주고받기가 이루어졌는데요. 붉은 조개껍데기 목걸이와 흰 조개껍데기 팔찌가 정해진 경로를 따라 섬들을 돌며 선물로 교환되었습니다. 말리노프스키는 쿨라 교환에서 얻는 실용적 가치 그 자체보다는 교환이 만들어 내는 사회적 기능에 주목합니다. 실제로 이 조개껍데기는 장신구로서의 용도 이외에는 별다른 쓸모가 없었습니다. 그러나 조개껍데기의 교환을 통해 이곳

주민들은 다른 섬들과 관계를 형성하고 유지할 수 있었고, 영향력 있는 사회적 지위를 얻거나 더 다양한 거래 기회를 만들 수 있었습니다. 말리노프스키는 경제 활동이 단순히 물질적인 욕구를 충족시키는 것을 넘어 더 넓은 사회문화적 맥락에서 의미를 가진다고 보았습니다. 이렇게 보면 청소년들이 직업 선택의 기준으로 돈을 꼽는 것에도 합리적 선택이나 효용 가치를 넘어 사회문화적 의미가 있다고 할 수 있습니다.

이를 이해하기 위해서는 우리 사회에서 일이 어떤 의미인지를 우선 들여다볼 필요가 있습니다. 직업은 경제적인 측면만으로 설명하기 어렵습니다. 일에는 자신의 가능성을 실현하고 성장을 도모하는 자아실현의 측면도 있고, 동료와 관계를 맺고 상호 작용하며 사회 구성원으로서 기여하고 인정받는 사회적 측면도 있습니다. 하지만 한국 사회에서 일의 의미는 점점 좁아지고 있습니다. 기본적으로 일을 통해 자아실현이 가능하다는 전제 자체가 의심받고 있습니다. 10여 년 전인 2010년 잡코리아에서 직장인들에게 설문조사를 한 결과 18.8퍼센트만 자아실현을 위해서 일하고, 56.6퍼센트가 돈을 벌기 위해서 일한다고 답했습니다. 당시 직장인들은 금전적 수입이 아닌 다른 의미를 찾기 어려운

1부 정체성, 우리는 다양하고 복잡한 존재

이유로 열악한 근무 환경과 지나친 업무량을 들었다는데요. 2023년 기준으로 한국은 OECD 평균보다 연간 155시간 더 일하는 나라입니다. 일하는 시간은 자아실현보다는 일상의 리듬을 잃은 채 식사나 수면 등 원초적인 욕구조차 억눌러야 하는 시간으로 여겨집니다. 일의 다양한 의미를 탐색할 여유 공간은 거의 없습니다.

의미는 쌓여 가는 시간과 경험 속에서 만들어집니다. 하지만 일자리의 불안정성이 높아지면서 한자리에 머물며 일의 의미를 축적할 기회도 사라지고 있습니다. 평생직장이란 더 이상 존재하지 않고, 해고와 이직이 일상화되고 있지요. 한국 직장인의 근속 연수는 독일의 절반 수준으로 OECD 국가 중 가장 짧다고 합니다. 한국 사람들이 끈기가 부족하고 기회주의적이라 그런 걸까요? 제가 만난 어떤 청년의 이력서에는 1년을 넘긴 일자리가 하나도 없었습니다. 3년도 안 되는 기간에 직장을 서너 번 옮겼더라고요. 의아해하며 계속 이직한 이유를 물었더니 그동안 줄곧 계약직으로 일했고, 모든 계약이 1년 이하 단위로 이루어졌다는 겁니다. 이런 일이 청년만의 문제는 아닙니다. 청소 노동자로 살아온 60대 남성도 비슷했습니다. 몇 년간 공공 기관에 계속 고용되었지만, 늘 9개월짜리 계약직으로 일하고 3개월을 실업 급여로 버티고 나면 다시 채용되는 방식이었습니다. 우리 사회의 일자리는 그다지 안정적이지 않습니다. 2023년을 기준으로 한국의 임시직 비율은 OECD 국가 중 2위입니다. 플랫폼을 통해 상품과 노동이 거래되는 플랫폼 경제와 임시직, 계약직 등의 형태로 초단기 노동이 이루어지는 긱 경제 gig economy 가 일의 영역을 재편하면서 '함께 일하는 사람'이라는 개념 역시 점차 사라지고 있습니다. 일의 의미를 함께 만들어 갈 사람이 없다는 뜻이지요.

그래서인지 '꿈'은 반갑고 설레기만 하는 주제는 아닙니다. 지난 2022년 수원시청소년청년재단에서 12~18세 청소년 1763명을 대상으로 조사한 바에 따르면, '꿈이 없다'라고 답한 사람이 46.8퍼센트에 달한다고 합니다. 청소년에게 진로와 자아 탐색의 기회가 충분히 주어지지 않는다는 의미겠지요. 대학생들도 종종 향후 계획에 대해 물으면 '꿈이 없다'라고 대답하곤 하는데요. 천천히 이야기를 나누다 보면 다들 무엇인가를 모색하고 궁금해하고 바랐던 적은 있습니다. 하지만 하나로 콕 집어 말하긴 어려워했습니다. 어찌 보면 꿈이란 그런 것이기 마련입니다. 당시 만난 사람들, 마주친 사건, 살고 있는 사회와 맥락에 따라 계속 변화할 수 있지요. 마치 자아 정체성이 그러하듯이 말입니다.

하지만 한국 사회는 그렇게 오락가락하는 걸 허용하지 않습니다. 청소년들은 생기부의 진로란에 자신의 꿈과 희망 분야를 적을 때 사회가 기대하는 꿈이 어떤 모양인지 이미 알고 있습니다. 그곳에 솔직한 꿈을 적기란 쉽지 않은 일입니다. 입시에 쓸모 있으려면 꿈은 열린 가능성이기보다는 닫힌 이야기여야 하기 때문입니다. 분야를 옮겨 다니면 진지하지 않다는 평가를 받을 수 있습니다. 생기부에 적힌 진로는 일관적이고, 점진적으로 구체화되어야 입시에서 유리합니다. 다양한 방식으로 적성과 흥미를 탐색하기란 어렵습니다.

'꿈'을 말하기 어려운 이유는 또 있습니다. 우리 사회에서 '꿈'이라 불릴 수 있는 직업은 제한적입니다. '자아실현'을 아주 좁은 의미로 규정하고, 그것이 특정한 일자리에서만 가능하다고 보는 경향이 있기 때문입니다. 예를 들면, 20대 여성이 가장 많이 종사하고 있는 비정규직 서비스 일자리는 자아실현과 연결하여 이야기되지 않습니다. 20~30대가 절반을 차지하는 택배, 배달 등 운송업도 마찬가지입니다. 이 직업들은 분명히 사회가 돌아가게 하는 필수적인 일이고, 중단되거나 사라지면 많은 사람이 엄청난 불편함을 겪는데도 그 가치를 충분히 인정받지 못하고 있지요. 우리의 적성과 흥미는 다양합니다. 그런데 그중 일부만 가치 있게 여겨진다면 어떤 일이 벌어질까요? 자신의 가능성을 다양하게 모색할 수 없게 됩니다. 자아실현도 사회적 관계의 탐색도 쉽지 않게 되지요.

이런 상황에서 청소년들은 질문을 던집니다. '계속 이렇게 살아도 되는 거야?'라고요. 일과 삶을 주제로 탐구하는 대학 수업에서는 이런 질문이 '워라밸'이라는 개념을 통해 등장합니다. '워라밸'은 '워크 라이프 밸런스Work Life Balance', 즉 일과 삶의 균형을 추구하는 생활 방식이라고 할 수 있는데요. 대학생들에게 직업 선택의 기준을 물어보면 꼭 등장하는 개념으로 수입만큼이나 중요하게 이야기되곤 합니다. '일과 삶을 과연 분리할 수 있는가, 분리하는 게 더 좋은가'라는 질문이 남기는 하지만, 이 '분리'라는 방법을 통해 이들이 말하고자 하는 바가 무엇인지 들어 볼 필요가 있습니다.

학생들과 '워라밸'의 의미를 분석하면서 '워라밸'이 단순히 일과 삶의 균형을 추구하는 것을 넘어 현재의 삶에 의문을 제기하는 하나의 방식이라는 것을 알게 되었습니다. '워라밸'은 성과와 이윤 중심의 삶을 바꿔 보려는 시도이자, '나의 가치와 쓸모는 곧 일'이라는 인식을 넘어서려는 새로운 서사의 시작이기도 했습니다. 학생들은 일하는 사람뿐만 아니라 시민, 가족 구성원, 동호회 회원 등 다양한 정체성을 유지하고자 하는 바람을 표현했습니다. 따라서 '워라밸'은 일을 준비하고 배울 수 있는 시간을 의미하기도 하고, 병원이나 관공서에 방문하는 등 기본적인 생활을 무리 없이 할 수 있는 삶을 의미하기도 합니다. 단순히 '덜 일하고 싶다'는 바람만은 아닌 것이지요. 성과나 경제적 가치만이 아니라 일상을 잘 꾸려 가고 싶은 의지가 그 안에 포함되어 있었습니다.

사실 금전적 수입에도 여러 의미가 연결되어 있습니다. '돈'은 교환 수단이기 때문에 늘 그다음을 의미합니다. 친구를 만날 수 있는 시간, 친구에게 받은 호의를 돌려줄 수 있는 여유, 경험을 쌓을 기회, 건강을 유지할 수 있는 시간 등 삶의 다양한 가치가 '돈' 아래에 숨겨져 있습니다. 따라서 '돈'에 대한 질문이 필요합니다. 청소년을 돈만 따지는 납작한 인간으로 만들기보다는 돈에 숨겨져 있는 풍부한 의미를 밝혀 볼 필요가 있습니다.

실은, 직업 선택의 기준이 뭐냐고 물을 때 돈이라고 대답하면 그것만큼 편리한 답이 없습니다. 더 설명할 필요가 없으니까요. 더 이상의 질문을 받지 않을 수 있는 답입니다.

'꿈'이라고 대답하면 제법 많은 질문과 평가, 번거로운 대화와 설득의 과정을 거쳐야 하지요. 시장에서라면 언제, 어떤 상황에서든 돈이 쓸모 있는 것처럼 대화에서도 돈은 그런 역할을 하는 경향이 있습니다. "돈 때문에요"라고 대답하면 다들 이해해 버립니다. 고개를 끄덕여 주지요. 그래서 잘 들여다봐야 합니다. "나는 돈이 최고야"라는 말에서 돈이 무엇을 의미하는지를요. 여러분이 그 말을 할 때 원하는 것은 무엇인가요? 혹시 그 말에 '나도 존중받고 싶어', '나도 환대받고 싶어'라는 의미가 포함되어 있지는 않나요?

1부 정체성, 우리는 다양하고 복잡한 존재

의미

의미란 인간이 대상, 현상, 기호, 행위 등에 부여하는 해석을 뜻합니다. 인간은 이 해석을 바탕으로 세계를 이해하고 관계를 맺으며 살아가지요. 의미는 단순히 사물의 물리적 속성이나 본래의 기능에 국한되지 않습니다. 종이와 잉크라는 물리적 실체로 이루어진 '돈'은 그 자체의 물질적 가치보다 교환, 부, 지위, 신뢰 등 사회적으로 합의된 상징적 의미 때문에 강력한 힘을 발휘합니다. 인간은 객관적인 물리적 세계 위에 주관적이고 집단적인 해석의 층위를 덧씌우며 살아갑니다. 사회문화적 심층 의미가 물리적 의미보다 중요하게 작용하는 이유는 인간이 생물학적 개체를 넘어 사회문화적 존재이기 때문입니다. 우리는 언어, 상징, 이야기, 의례 등을 통해 공유하는 의미의 세계 속에서 관계를 맺고 정체성을 형성하며 살아갑니다.

문화인류학은 인간의 어떤 행위나 가치가 표면적인 기능

이나 합리성만으로 설명되지 않으며, 그 사회의 문화적 맥락 속에서 더 넓은 의미망과 연결되어 있다는 점에 주목합니다. 예를 들어 스마트폰의 가격과 기능은 구매를 결정할 때 중요한 기준이 됩니다. 그러나 사람들이 어떤 브랜드의 신제품을 사기 위해 길게 줄을 서는 현상을 설명해 주지는 못합니다. 사회적 지위와 소속감, 취향과 자아 정체성 등 스마트폰에 부여된 의미를 함께 바라보아야 비로소 그런 행동을 이해할 수 있습니다. 마찬가지로 특정한 의복제복이나 전통 의상, 건축물 종교 시설이나 기념물, 심지어 음식 명절 음식조차도 물리적 기능을 뛰어넘는 소속감, 역사, 신념, 가치관 등 복합적인 사회문화적 의미를 담고 있습니다. 문화인류학은 이처럼 어떤 선택이나 행위가 개인의 합리적 판단만이 아니라, 그 사회가 공유하는 상징, 가치, 규범과 깊이 얽혀 있다는 점을 드러냅니다.

사회문화적 의미에 주목하는 것은 왜 중요할까요? 물리적 세계 그 자체는 우리에게 별다른 의미를 주지 못할 때가 많기 때문입니다. 밥이 탄수화물로 이루어진 음식이기 때문에 수업 시간에 밥을 먹는 행위가 문제가 되는 것은 아닙니다. 물은 수소와 산소로 이루어졌기 때문에 수업 시간에 마셔도 되는 게 아니듯이 말입니다. 사회문화적 의미는 우리

1부 정체성, 우리는 다양하고 복잡한 존재

가 세상을 이해하는 바탕이 됩니다. 나아가 '무엇이 중요하고 가치 있는가', '어떻게 살아야 하는가'라는 질문과도 연결됩니다. 이런 관점에서 한국 청소년들이 직업 선택의 기준으로 '수입'을 우선시하는 것은 개인적인 선호를 넘어 우리 사회와 문화를 반영한 현상이라고 볼 수 있습니다.

사회문화적 의미는 지속적으로 변화하고 서로 경합하며 만들어집니다. 따라서 청소년의 관점에서 '돈'이 어떤 의미인가도 이해할 필요가 있습니다. 한국의 청소년들이 직업을 선택할 때 수입, 즉 돈을 우선시하는 현상에는 물질주의 너머의 다양한 욕구와 갈망이 숨어 있을 수 있습니다. 이처럼 편리하고 명료해 보이는 답변의 이면을 들여다보면 한 사람을 다층적인 맥락 속에 놓인 복합적인 존재로서 더 깊이 이해할 수 있습니다. 여러분은 단순하기보다는 다층적이고 복합적인 존재입니다.

8. 나를
발견하는 덕질

퀴즈를 하나 내 보겠습니다. 다음 세 단어 중에서 여러분은 몇 개나 그 의미를 알고 계신가요?

'생카, 공방 포카, 비공굿.'

강의를 하다가 이 퀴즈를 내면 흥미로운 답변을 들을 수 있습니다. '생카'는 생일 카드, '비공굿'은 '비 와도 공동 구매 굿'이라며 재치 있게 답해 주신 분들이 있었는데요. 정답은 아닙니다. 여러분은 어떻게 추측하고 계신가요? 분명 한글이고 읽을 수 있는데 무슨 뜻인지 종잡기 어렵지요. 이 말들을 일상에서 쓰고 그 의미를 알고 있다면 아이돌 팬덤 문화에 익숙한 분일 겁니다. 간략하게 설명해 드리자면 이

1부 정체성, 우리는 다양하고 복잡한 존재

단어들은 팬 활동, 즉 '덕질'을 할 때 흔히 사용하는 용어입니다. '생카'는 좋아하는 스타의 생일에 맞춰서 이벤트를 개최하는 카페를, '공방 포카'는 방송사 공개 방송 참석 시 받은 스타의 얼굴이 담긴 포토 카드를, 그리고 '비공굿'은 비공식 굿즈, 즉 팬들이 제작한 기념품을 줄인 말입니다.

이쯤 되면 익숙하지 않은 분들에게는 새로운 질문이 생겼을 겁니다. 생일에 왜 카페를 여는지, 공개 방송에서 왜 포토 카드를 주는지, 비공식 굿즈가 있으면 공식 굿즈도 있는지 등 말입니다. 이런 질문들은 아이돌 팬덤이 고유한 문화를 가진 '부족'이라는 점을 드러내 줍니다. 부족 밖의 사람들은 그 의미 체계를 이해하지 못합니다. 한글이라 읽을 수 있어도, 심지어 단어 자체의 뜻을 알아도 그 의미를 파악하기 어렵지요. 부족이 공유하는 가치와 상징, 즉 문화를 읽어내야 이 어휘들의 의미를 이해할 수 있습니다.

여러분은 고유한 문화를 가진 이 '부족'을 어떻게 보고 계신가요? 우리는 나와 다른 문화를 가진 집단을 '타자화' 하기 쉽습니다. 나와 다를 뿐인데 열등하거나 문제가 있다고 보는 경우가 많지요. 아주 단순화시켜서 납작하게 만들기도 합니다. 과거 아이돌 팬덤을 '오빠 부대'라고 폄하하던 시각에도 이와 유사한 면이 있습니다. 이들이 가치 없는 일에 시간과 에너지를 낭비한다고 생각하지요. 스스로 생각할 수 있는 합리적인 존재가 아니라, 과격하게 행동하는 극단적이고 감정적인 집단 혹은 비판 의식 없이 스타가 하라는 대로 무조건 움직이는 수동적인 집단이라고 이해하기도 합니다. 그런데 과연 그게 전부일까요?

아이돌 팬덤은 수동적인 존재라기보다는 상당히 전략적으로 움직이는 사람들이라고 볼 수 있습니다. 예를 들어 이들은 인기투표와 온라인 음악 재생을 통해 좋아하는 대상의 순위, 즉 사회적 위치를 상승시키는 데 적극적으로 참여합니다. 학교에서 교칙에 따라 스마트폰을 걸어 가면 쉬는 시간마다 선생님을 찾아가서 좋아하는 가수의 노래를 '스밍 *스트리밍의 줄임말*'한다고 하니 그 적극성이 놀랍지요. 카페를 빌려 생일 이벤트를 여는 데 필요한 조직력과 기획력 역시 수동적인 것과는 거리가 멀고요.

단지 이들이 열성적이기 때문에 능동적, 적극적이라고 말하는 것은 아닙니다. 아이돌 팬들은 기존의 틀을 바꾸는 일에도 참여합니다. 저작권 제도를 수정하고 개편하는 데 의견을 내기도 하고, 기획사의 결정에 반대하는 시위를 하기도 하지요. 때로는 집단행동을 통해 광고주를 압박하고, 기획사의 주주로 참여하기도 합니다. 스타의 행동을 적극적으로 비판하는 일도 드물지 않습니다. 좋아하던 그룹이 해체한 후에도 같이 팬 활동을 하던 친구들과 관계를 이어 가기도 하죠. 이처럼 참여하고 바꾸고 목소리를 낸 경험은 어떤 면에서는 '정치적' 경험이라고 볼 수 있습니다. 이러한 경험은 우리 사회의 광장에서 또 다른 새로운 방식으로 실천될 가능성도 있습니다.

이들은 소비자이면서 생산자이기도 합니다. '비공굿', 즉 소속사에서 공식적으로 만든 굿즈 이외에 팬들이 만든 다양한 비공식 굿즈가 그 예입니다. 팬들은 이것을 팔고 사고, 때로는 무료로 나누는 행위를 통해 스타를 좋아하는 마음을 확산시키고 팬 문화에 참여하기를 유도합니다. 사진 자료나 영상 자료를 재편집하고 보정해서 자신들의 시각이 담긴 '짤'을 생산하기도 합니다. 말하자면 스타의 새로운 버전을 만드는 것이죠. 2차 창작이라고 불리는 다양한 팬 아트와 팬 픽션 역시 빼놓을 수 없습니다. 팬덤 안에서는 '금손', 즉 탁월한 실력을 갖춘 창작자가 스타만큼이나 팬덤을 확장하고 유지하는 데 큰 영향을 미친다고 봅니다. 말하자면, 팬들은 수동적인 추종자라기보다는 대중문화를 함께 만들어 가는 핵심적인 구성원입니다.

물론 멋진 일만 일어나는 건 아닙니다. 케이팝이라고도

불리는 대중음악 산업이 고도로 자본화되면서 팬덤이 개입하고 참여할 수 있는 영역이 줄어들고 있습니다. 산업에 많은 돈이 투자되고 시장 논리에 따라 구조가 체계화될수록 팬덤은 소비자 이상의 위치에 있기 어려워지니까요. 과도한 소비를 유도하는 현상 역시 비판받고 있습니다. 이윤 극대화를 목표로 팬들에게 수십, 수백 장의 앨범을 중복 구매하게 유도하는 구조는 심각한 문제입니다. 소비 금액을 척도로 애정을 증명하는 문화가 확산하면서 팬덤 안에서도 돈이 없으면 팬도 될 수 없는가라는 질문이 제기되고 있습니다. 집단 내에서의 차별, 예를 들면 외국 팬덤에 대한 배척이나 나이를 중심으로 한 차별이 일어나기도 합니다. 일례로 스무 살만 넘어도 본인을 '할미 팬'이라고 지칭하는 사람들이 제법 있습니다. '팬 활동은 어릴 때나 하는 일'이라는 사회적 편견이 팬덤 안에서도 작용하는 것이지요. 한국 사회는 나이를 중심으로 누군가의 정체성과 행동을 평가하는 문화가 강력하니까요.

말하자면 팬덤은 고유한 문화를 가진 '부족'이면서 한국 사회의 지배적인 문화 아래 있기도 합니다. 어쩌면 제가 위에 언급한 문제들 역시 팬덤 자체의 문제라기보다는 시장 논리가 사회의 전 영역에 파고들 때의 문제일 수도 있겠지요. 팬덤이 특정한 문화를 공유하긴 하지만, 내부에는 다양한 개인들이 있다는 것도 생각해 볼 필요가 있습니다. 이들은 종종 하나의 동일한 집단처럼 불리지만, 그 안에는 노래 자체를 좋아하는 사람, 무대에 집중하는 사람, 성장 서사에 매력을 느끼는 사람, 창작의 영감을 받거나 친구를 사귀고 싶어 하는 사람 등 다양한 욕망을 가진 사람들이 있습니다.

이들에게 누군가의 팬이 되는 것, 즉 대중문화를 소비하고 생산하는 것은 정체성을 형성하는 과정이라고도 볼 수 있습니다. 누군가를 좋아하면 그를 닮게 되거나 그를 따라 진로를 결정하게 되기 때문만은 아닙니다. 자기소개를 할 때를 생각해 볼까요. 자기소개란 나를 이해하기 쉽게 간략히 알리는 과정이지요. 그때 여러분은 여러분이 누구인지, 어떤 사람인지 여러 방법을 통해 설명합니다. '내향형'이라며 성격에 대한 설명을 곁들이기도 하고, 다니는 학교를 이야기하기도 하고, 오래 살아온 동네를 말하기도 합니다. 그리고 이런 방법을 쓸 때도 있지 않나요? 요즘 즐겨 보는 드라마나 예능, 자주 챙겨 보는 웹툰, 좋아하는 스타의 이름을 말하는 방법 말이에요. 이는 다른 사람을 알고 싶을 때 궁금해하는 것이기도 하죠. 좋아하는 노래는 무엇인지, 즐겨 보는 프로그램은 무엇인지, 기다리는 웹소설이 있는지 등을 듣고 나면 상대를 조금 더 잘 알게 된 것 같습니다. 내가 좋아하는 대중문화 콘텐츠는 나를 표현하고 만들어 가는 하나의 방법일 수도 있습니다. '덕질'이 자아 정체성 형성의 과정이 되는 것이지요.

이처럼 정체성, 즉 내가 어떤 사람이 되는가는 내가 만난 사람들, 내가 느낀 감정들, 내가 가 본 장소들을 통해서 만들어진다고도 볼 수 있습니다. 제가 대학에서 신입생들에게 '타자', 즉 나와 비슷하지 않은, 새로운 세계를 경험할 수 있게 해 주는 다양한 사람을 어디서 만나 봤느냐고 물으면 절반은 아르바이트를 통해, 다른 절반은 팬덤 활동을 하면서 만났다고 말합니다. 다른 나이, 다른 직업, 다른 지역, 때로는 다른 국가 배경을 가진 사람을 팬 활동을 하며 만난 경험은 이들의 세계가 넓어지는 데 중요한 역할을 합니다. 같은 반 친구에게도 털어놓기 힘든 이야기를 팬 활동을 하며 만난 사람과 나누기도 하고, 덕질을 둘러싼 기쁨과 슬픔을 공유하기도 합니다. 내가 다니는 학교보다 내가 속한 팬덤이 더 강력한 유대감과 소속감을 주기도 하고요. 팬으로서 중요한 사건들을 함께 경험하고, 역사를 공유하기 때문입니다.

감정은 팬 활동과 아주 긴밀한 관계가 있습니다. 청소년들은 팬 활동을 하면서 그동안 느껴 보지 못한 새로운 감정을 느꼈다고 이야기합니다. 내가 가지고 있었는지조차 몰랐던 다채로운 감정을 스타를 통해 세차게 느껴 보았다고요. 벅차기도 하고, 서럽기도 하고, 짜릿하기도 하고, 아늑하기도 한 감정들 말입니다. 다양한 감정을 느끼고 표현하며 감정의 세계가 확장되는 경험을 하는 거죠. 물리적인 세계역시 확장됩니다. 콘서트에 가기 위해서 처음으로 기차나지하철을 타고 한 번도 가 보지 못한 곳에 가기도 합니다. 세계의 끝이라고 생각했던 물리적 경계를 넘어 도시의 저편에가 보는 거죠. 이렇게 감정적으로, 지리적으로, 사회관계적으로 넓어지는 경험을 하면서 청소년들은 자신의 정체성을형성해 나갑니다. 그렇기 때문에 그토록 맹렬하게 빠져드는건지도 모릅니다. 자신을 알아 가고 다른 사람과 어울리며세계를 확장해 나간다는 건 누구에게나 매혹적인 경험이니까요.

대중문화

대중문화를 이해할 때 비교와 대조는 유용한 방법입니다. 대중문화는 다수의 사람, 즉 대중이 좋아하는 문화라고 여겨지기도 하고, 고급문화와 구별되는 문화라고 생각되기도 하며, 상업화된 문화를 가리키기도 합니다. 또는 대중이 만들어 낸 문화라고도 하지요. 하지만 이러한 정의에는 자연스럽게 다음과 같은 질문이 따라옵니다. 많은 사람이 좋아하지 않는 문화, 예를 들면 시청률이 바닥인 드라마는 대중문화가 아닌가? 영국의 대작가라고 불리는 셰익스피어의 연극도 창작 당시에는 저급하다는 평을 들었다는데, 고급문화와 대중문화는 어떻게 나눌 수 있지? 또, 상업화된 문화가 대중문화라면 상업 투자에 의존하지 않는 독립 영화나 인디 음악은 대중문화가 아닌가? 질문은 다양합니다.

문화 연구자 존 스토리는 대중문화는 사회문화적 맥락에 따라서, 또 산업 구조와 긴밀하게 연결되어 변화하는 개

1부 정체성, 우리는 다양하고 복잡한 존재

념이라고 말합니다. 한 가지 분명한 건 대중문화는 대중, 즉 대다수 사람에게 속해 있는 문화이며 텍스트, 즉 영상이나 음악, 글 등의 인공물뿐만 아니라 사람들의 실천 행위까지 포함한다는 것입니다.

그렇다면 대중문화는 우리 삶과 어떤 관계가 있을까요? 대중문화는 사회 구조 및 권력관계와 밀접하게 연결되어 있기 때문에 우리가 어떤 것을 당연하게 여기는 데 큰 영향을 미칩니다. 여러분이 드라마를 통해서 본 청소년은 대체로 어떤 사람들이었나요? 그들은 무엇을 입고 먹고 하루를 어떻게 보내던가요? 무엇을 고민하던가요? 일하는 청소년도 나오던가요? 부모와 살지 않는 청소년도 있나요? 가난한 청소년, 장애 청소년도 자주 보나요? 우리는 대중문화를 통해 특정한 유형의 사람들을 주로 보게 됩니다. 누군가의 존재는 명확하게 드러나고, 다른 누군가는 감추어지지요. 이런 일이 거듭되면 대중문화는 단순한 오락거리를 넘어 정상적이고 자연스러운 모습을 규정하는 역할을 하게 됩니다. 대중문화에서 볼 수 없는 존재들은 가려지거나 주변적인 것으로 취급될 수 있지요.

이와 동시에 대중문화는 새로운 시각을 담은 서사를 통해 저항을 시도하는 장이기도 합니다. 다양한 사람들의 참여를 통해 익숙한 서사가 새롭게 해석되기도 하고, 또 다른 의미가 부여되기도 합니다. 팬덤 활동을 하는 사람들이 새로운 문화를 만들고, 다양한 작업물을 생산하는 것처럼 말이죠. 이 과정에서 대중문화는 사람들이 정체성을 형성하고 소속감을 느끼는 장소가 됩니다. 아이돌 팬덤뿐 아니라 음악, 패션, 스포츠, 게임 등 다양한 영역에서 활발한 팬덤 활동이 이루어지고 있습니다. 이들은 상징과 금기를 공유하고, 끈끈한 유대와 격렬한 갈등을 겪기도 합니다. 이럴 때 대중문화는 단순히 오락이나 소비의 대상이 아니라, 내가 어떤 사람인지 탐구하고 일상의 범위를 넘어 사회적 관계를 형성하며 때로는 새로운 규범과 문화를 창조하는 공간이 될 수 있습니다.

9. K-유전자
대신에

민족주의

여러분이 누구인지 설명할 때 '한국인'이라는 정체성은 얼마나 큰 영향을 미치나요? 평소에는 거의 잊고 살다가 다른 나라와 하는 스포츠 경기를 볼 때에만 생각이 나나요? 아니면 국어 교과서를 읽다가도 불쑥 불쑥 내가 한국인이라는 것이 자랑스럽다는 마음이 차오르나요? 이 책을 읽고 있는 여러분은 대체로 한국인일 겁니다. 하지만 이 책을 여기까지 읽어 왔다면 이런 질문도 떠오를 겁니다. 한국인이라는 건 무엇이지? 누가 한국인이지?

"어쩔 수 없어. 그건 K-유전자에 새겨져 있어."

심심치 않게 들어 본 말이지요. K-유전자, 즉 '한국인 유전자'는 우리의 행동과 생각에 큰 영향을 미친다고 여겨집니다. 농담처럼 쓰이는 표현이지만, 그 안에는 흥미로운 문화적, 사회적 함의가 담겨 있습니다. '한국인답다'는 것이 유전자, 즉 혈통에 의해 결정된다는 뜻이지요. '한국인 유전자'가 존재한다는 생각은 얼핏 타당해 보일 수도 있습니다. 한국인이 마치 특정 생물학적 분류에 속하는 것처럼 여겨지기도 하니까요. 예를 들어 한국인 대다수의 외모가 비슷한 특징을 공유한다는 점에서 말입니다. '한국인 유전자'라는 말은 때로 어떤 분야에서의 성공을 설명하는 데 사용되기도 합니다. 예를 들어 젓가락질에 능숙해서 정밀한 기술이 발전했다거나, 활쏘기에 뛰어난 조상을 둔 역사적 이유로 올림픽 양궁 종목에서 우수한 성적을 거둔다는 이야기처럼요. 이러한 생각은 '단일 민족'이라는 개념과도 밀접하게 연결됩니다. 여기에서 첫 번째 질문이 생깁니다. 한국인은 단일 민족일까요?

흥미롭게도 우리의 뿌리는 이미 오래전부터 '혼혈'이었습니다. 생명과학자 박종화의 최근 유전자 분석 연구에 따르면, 한국인은 남중국과 동남아시아 인구 집단을 포함한 남방계 인구와의 복잡한 혼합을 통해 형성된 집단이라고 합니다. 약 5만 년에 걸쳐 다양한 집단으로 분화되고, 다른 민족들과 섞이면서 지금의 한국인이 구성되었다는 것이죠. 문헌과 유물 등 역사적 자료들도 여러 민족 집단이 한반도로 활발하게 이주해 왔음을 보여 줍니다. 삼한과 신라 시대에도 이주민은 존재했고, 고려와 조선 시대의 기록에는 인도, 중국, 몽골, 이란, 베트남, 네덜란드, 아랍 문화권에서 온 이주민의 이야기가 남아 있습니다. 이런 이주의 역사가 잘 드러나는 게 성씨이기도 한데요. 특히 고려와 조선 시대에는 외국에서 온 사람들이 귀화하면서 성씨를 부여받는 경우가 많았습니다. 김, 이, 박처럼 흔한 성씨가 부여되기도 했지만, 중국이나 중앙아시아에서 전해진 성씨들이 새로 생겨나기도 했습니다. 한국의 성씨 중 절반 이상이 귀화 성씨라는 분석도 있을 정도이니 우리가 얼마나 섞여서 살아왔는지 잘 알 수 있지요.

우리는 때로 '섞이지 않은 진정한 한국인'이 있다고 믿고 싶어 합니다. 과연 '진정한 한국인'은 누구일까요? 이 질문에 사람들은 흔히 '한국 국적'을 첫 번째 조건으로 떠올립니다. 그렇다면 한국 국적자이지만 삶의 대부분을 해외에서 보낸 사람은 어떻게 보아야 할까요? 실제로 한국에서 태어났어도 학업 등을 이유로 아주 어린 시절부터 외국에 머무는 경우가 드물지 않습니다. 국적만으로 부족하다는 생각이 들면 다음 기준으로 '한국에 오래 살았는지 아닌지'가 등장합니다. 그렇다면 수 세대에 걸쳐, 150년 이상 한국 땅에 살아온 중국계 이주민인 화교는 어떻습니까? 이 정도면 충분히 한국 사회의 일원이라고 할 수 있지 않을까요? 이 질문마저 넘어서면 '한국 문화와 관습을 이해하고 실천하는지'가 또 다른 기준으로 제시됩니다. 한국어를 사용하는지, 한국 문화에 스며들어 있는지 등을 기준으로 삼지요. 대표적인 한국 문화로 언급되는 김치를 생각해 보면, 요즘 청소년 중에는 김치를 즐겨 먹지 않는 사람도 흔합니다. 이들을 한국인이 아니라고 할 수 있을까요?

이와 관련해서 북한 이탈 주민을 생각해 볼 수 있습니다. 같은 민족으로 한반도에서 태어나 한국어를 사용하지만 이들은 '진정한 한국인'으로 여겨지지 않습니다. 북한 이탈 청소년인 은실가명과 팀을 이뤄 문화 이해 교육을 진행할 때 우리는 일부러 자신이 누구인지, 어디에서 온 사람인지 밝히지 않았습니다. 퀴즈도 풀고 노래도 해석하며 수업을 모두 진행한 뒤에 은실이 실은 함경도 청진에서 온 사람이라는 걸 밝혔습니다. 함께 수업을 듣던 중학생들은 깜짝 놀랐습니다. 분명히 북한 이탈 주민은 다른 모습을 하고 있어서 알아볼 수 있을 거라 생각했기 때문입니다.

은실은 서울에서 중학교와 고등학교, 대학교를 다녔습니다. 그럼에도 불구하고 여전히 보이지 않는 경계와 차별을 경험했습니다. 또래들은 누군가를 비난하거나 깎아내릴 때 '북한'이라는 표현을 빗대어 사용하곤 했습니다. 때로 은실은 "너는 탈북자 같지 않네"라는 말을 칭찬으로 들어야 했습니다. '북한 이탈 주민'에게 우리 사회는 어떤 의미를 부여하고 있을까요? 여기에 과연 존중의 뜻이 담겨 있다고 할 수 있을까요? '진정한'이라는 수식어는 누군가를 '우리'의 범주에서 끊임없이 배제하는 경계선으로 작용하기 쉽습니다. 이 단어는 늘 '내부 우리'와 '외부 그들'를 나누고 이분법적인 벽을 만듭니다.

문화인류학자 김현미는 '누가 100퍼센트 한국인인가'라고 물으며 '우리'라는 경계가 만들어 내는 배제와 차별에 주목합니다. 한국 사회에서는 한국인 부모에게서 태어나 한국에서 자라 온, 한국말을 하는 사람을 한국인이라고 봅니다. 즉 영토와 혈통, 단일 언어를 바탕으로 한국인의 테두리를 만들고, 그 기준을 충족하지 못하는 사람들을 배제하고 추방해 온 역사가 있습니다. 특히 혈통 중에도 부계 혈통을 중심으로 누가 한국인인지를 결정합니다. 어머니가 이주민이고 아버지가 한국인이면 한국인으로 인정받지만, 반대의 경우에는 사회적으로도 제도적으로도 한국인으로 인정받기가 쉽지 않습니다. 이 테두리는 다양한 삶의 영역에서 장벽을 세웁니다. 국적이나 영주권을 얻는 데에도, 대출을 받는 데에도, 사회 복지 서비스를 받는 데에도, 공동체의 존중받는 일원으로 살아가는 데에도 영향을 미칩니다.

이와 같은 차별을 낳는 단일 민족 개념은 실은 '발명'되었다고도 볼 수 있습니다. 여러분은 단일 민족이라는 말이 언제부터 활발하게 사용되었는지 알고 있나요? 아주 오래 전부터, 고조선 시절부터 당연하게 사용되었을 것 같은 이 개념은 흥미롭게도 채 100년이 되지 않은 발명품입니다. 생물학적 사실이 아니라 사회적 필요에 의해 만들어진 구성물이라는 뜻입니다. 연구자들은 민족이라는 개념 자체가 18세기 후반에 등장했다고 보고 있습니다. 근대 국가의 '국민'이라는 개념을 만들기 위해 발명해 냈다는 거지요. '국민국가'라는 개념이 생기기 전에는 이주할 때 여권이나 비자가 필요 없었다고 하니, 어떤 개념이 우리의 일상에 미치는 영향은 제법 크다는 것을 알 수 있습니다.

한국 사회에서 단일 민족이라는 말이 널리 쓰이기 시작한 것은 1945년 광복 직후부터입니다. 여기서 우리는 중요한 사회적 맥락을 발견할 수 있습니다. 일제 식민 지배에서 벗어나 새로운 국민국가를 건설하는 과정에는 국민 통합을 이룰 강력한 구심점이 필요했습니다. 바로 이때 단일 민족이라는 개념이 민족의 고유성을 강조하며 국민의 결속을 다지는 데 적극 활용된 것입니다. 이는 단일 민족이 생물학적 또는 객관적 사실이 아니라 당시 사회가 직면했던 위기를 극복하고 새로운 국가 정체성을 확립하기 위한 사회적 필요에 의해 선택된 개념이라는 뜻입니다. 이 사례는 어떤 용어나 관념이 형성되고 확산될 때는 사회적, 역사적 맥락이 크게 작용한다는 사실을 보여 줍니다.

그렇다면 이제 우리에게는 단일 민족이나 K-유전자가 아닌 새로운 개념이 필요합니다. 현재 한국 사회에서 이주 배경 학생은 학습자 인구에서 상당한 비중을 차지하고 있습니다. 2024년 서울의 초등학교 두 곳에서 이주 배경 학생의 비율이 70퍼센트를 넘었다는 보도가 있었고, 전남 해남군의 경우 초중고 전체 학생의 10분의 1이 이주 배경 학생이라고 합니다. 저출생 고령화 시대에 이주 배경 어린이, 청소년은 주요한 인구 집단으로서 우리 사회가 혈연과 국적 너머 다양성의 가치를 존중하는 사회로 이동해야 한다는 점을 시사합니다. 단일 민족이라는 개념은 이렇게 다양한 배경과 출신의 사람들이 공존하는 데 걸림돌로 작용합니다.

물론 '한국인'이라는 문화적, 사회적 집단이 존재하지 않는다는 뜻은 아닙니다. 존재하지만 그 경계가 국적이나 혈통 등으로 분명하게 나뉘어 있다고 볼 수는 없습니다. 국적을 넘어선 소속감, 혈통을 넘어선 유대감이 역사적으로 축적되어 왔고, 언어를 초월한 문화적 교류가 일상적으로 이루어지고 있기 때문입니다. 청소년들이 즐겨 듣는 케이팝은 사실상 여러 문화권의 다양한 요소를 차용한 일종의 융합 콘텐츠이지요. 한국의 대표적 먹거리로 손꼽히는 치킨 역시 그 기원을 따지면 미국 남부 흑인의 식탁에서 비롯되었다고도 볼 수 있고요. 우리의 일상 문화는 이미 복합적이고 혼종적이며, 우리의 정체성은 '한국인 유전자'보다 훨씬 더 복잡하고 다층적입니다. 유전자보다는 이미 여기에서 함께 살고 있는 사람들과의 관계와 경험을 들여다볼 때 우리는 우리 자신을 더 잘 이해할 수 있지 않을까요.

민족주의

민족주의란 개인이 자신이 속한 민족 또는 국가를 정체성의 근원이자 가장 중요한 공동체로 여기고 해당 공동체의 이익과 독립성, 문화적 고유성을 확보하는 것을 최우선 목표로 삼는 사상이자 사회 운동입니다. 문화인류학에서는 민족을 혈연이나 유전자 같은 생물학적 본질에 기초한 자연적 현상이 아니라, 특정한 역사적, 사회적 맥락 속에서 만들어진 문화적 구성물로 이해합니다.

우리는 '단일 민족'이라는 개념을 익숙하고 당연하게 여기지만 유전학적, 역사적 증거들은 한민족이 실제로는 다양한 집단과의 혼혈 및 이주를 통해 형성되었음을 보여 줍니다. 또한 광복 이후 국민 통합이라는 사회적 필요에 의해 '단일 민족' 개념이 적극적으로 활용되었다는 점에서 민족 정체성은 타고난 본질이라기보다는 시대의 요구 속에서 만들어지는 사회적 구성물임을 알 수 있습니다. 이 민족 정체성이 만들어지는 과정에는 공동체가 공유하는 서사와 상징이 작용하고, 특정 시기의 사회적 목적이 영향을 미치기도 합니다.

이렇게 사회적으로 구성된 민족주의는 '우리'와 '그들'을 구분 짓는 경계를 만들어 냅니다. '단일 민족'이라는 개념은 영토, 부계 혈통, 단일 언어 등을 기준으로 '진정한 한국인'의 범주를 설정하고, 이 기준에서 벗어나는 이들, 특히 이주 배경을 가진 사람들을 배제하는 논리로 작동해 왔습니다. 코로나19 팬데믹 당시 이주민들이 백신 예방 접종이나 마스크 구매에 어려움을 겪고, 외국인 혐오 표현을 자주 맞닥뜨렸던 것은 이러한 경계 설정이 관념의 문제를 넘어 실제적인 차별과 불평등으로 이어질 수 있음을 보여 주는 사례입니다.

따라서 민족주의가 제시하는 '진정한' 또는 '본질적인' 민족 정체성에 대해 비판적으로 질문해 볼 필요가 있습니다. 한 가지 방법은 민족주의가 설정한 경계가 정교한 기준이나 법칙에 의해서가 아니라 임의적으로 만들어졌음을 드러내는 것입니다. 국적, 혈통, 거주 기간, 정체성, 문화적 실천 외국어 안 쓰기, 김치 먹기, 제사 지내기 등의 기준을 들이대도 누가 '진정한 한국인'인지 명확하게 결론을 내기는 어렵습니다.

'진정한'이라는 수식어가 지닌 배제의 힘을 잘 들여다봐야 합니다. 분명 한민족이라는 정체성은 우리가 누구인지에 관한 중요한 의미를 담고 있습니다. 그러나 그것만으로는 충분하지 않습니다. 우리의 일상은 다양한 문화 요소가 융합된 혼종적인 특징을 띠고 있고, 우리가 만나는 사람들은 저마다 풍부한 문화적 배경을 가지고 있습니다. 한국 사회는 오래전부터 이미 다문화 사회였습니다.

10. 사람은 깊어요

질적 연구

사람에 대해 연구하는 방법은 여러 가지가 있습니다. 기계로 뇌를 촬영할 수도 있고, 실험실에서 움직임을 관찰할 수도 있습니다. 온라인으로 설문지를 보낼 수도 있고, 마주 앉아 대화를 나눌 수도 있지요. 청소년 우울증을 연구할 때도 이런 방법들을 사용할 수 있습니다. 우울 검사 척도를 기반으로 얼마나 우울한지 측정하거나 약을 주입한 후 뇌파 검사를 할 수도 있겠지요. 이러한 조사는 얼마나 우울한지 상태를 파악하고, 어떤 치료 방법이 효과적인지 검토하는 데 도움이 됩니다. 분명 유용한 조사입니다. 하지만 이런 조사들로 우울증을 겪는 청소년이 자신의 경험을 어떻게 이해하고

1부 정체성, 우리는 다양하고 복잡한 존재

해석하는지를 알기는 어렵습니다. 청소년의 이해와 해석은 그 사회에서 우울증이 어떻게 의미화되고 처리되는지와 관계가 있습니다. 단편적인 수치로는 그들이 처한 사회문화적 맥락을 이해하기 어렵지요. 우울증은 일종의 생물학적, 의학적 상태인데 사회문화적 맥락을 아는 게 왜 중요할까요?

예를 들어 보겠습니다. 여러분은 수업 중에 껌을 씹는 사람을 보면 어떤 생각이 드나요? 교실에서 껌을 씹는 학생에게 선생님은 어떻게 반응하나요? 껌을 씹는 행동에는 어떤 의미가 있을까요? 이때의 생각과 행동, 의미는 껌의 물리적 성질, 예를 들어 천연 라텍스, 합성 향료, 감미료 등과는 크게 관계가 없습니다. 껌이 라텍스와 고무로 이루어진 물질이기 때문에 수업 중에 금지하는 건 아니니까요. 감미료와 합성 향료가 '불량하다'고 분류되는 것도 아니죠. 그보다는 우리 사회에서 껌이 지니는 의미, 그리고 껌을 씹는 행동에 붙는 해석이 이와 연결되어 있지요. 물리적 성질보다는 의미가 행동과 인식에 더 큰 영향을 미치는 것입니다.

마찬가지로, 우울 역시 그 자체의 정도나 성질만큼이나 그것과 연결된 여러 의미가 청소년의 행동을 이해하는 데 더 중요할 수 있습니다. 우울한 사람은 어떤 사람으로 이해되는지, 그 해석은 우울과 관련하여 어떤 행동을 하게 만드는지, 주변에서는 어떤 식으로 우울에 대해 표현하고 우울한 사람과는 어떤 관계를 맺는지 알아보는 것이죠. 이때는 무슨 방법이 유용할까요? 분명 혈액을 채취하거나 뇌파를 찍는 것과는 다른 방법이 필요할 테지요. 수치를 넘어 의미를 이해하는 연구 방법을 질적 연구라고 합니다. 그중 대표적인 방법은 면담, 즉 만나서 이야기를 나눠 보는 것입니다.

청소년의 시각에서 우울 경험을 연구하고 싶었던 10대 연구자들늘보, 루, 시원, 유성, 은별, 진 역시 면담을 선택했습니다. 이들은 서울과 경기 지역의 고등학생이었는데요. 우울에 대해 청소년이 무슨 생각을 하는지 여러 사람을 만나 묻기 시작했고, 이를 통해 우울에 붙은 다양한 의미를 포착할 수 있었습니다. 우울한 청소년에게 붙은 대표적인 말로 '중2병'과 '사춘기'가 있습니다. 청소년들은 종종 우울을 경험할 때 "또 중2병 시작됐어?"라는 말을 들었다고 전했는데요. 이는 청소년의 우울증을 단순히 사춘기 시기의 일시적인 반항이나 감정 기복으로 치부하는 경향을 보여 줍니다. 우리가 알고 있는 것처럼 '중2병'이라는 말은 그저 중학교 2학년 연령의 청소년기만을 뜻하지 않습니다. 이 말에는 이성적으로 사고하지 못하고 미성숙하며 감정과 자기표현이 과장되어 있다는 뜻이 포함되어 있지요. 청소년인권연대는 청소년에 대한 차별 언어 중 하나로 '중2병'을 꼽으며, 청소년을 비이성적인 존재로 규정하기 전에 청소년을 둘러싼 사회적 권리와 제도, 문화의 영향을 살펴볼 것을 제안합니다. 청소년의 우울을 '중2병'이라는 말과 연결하면 진지하게 살펴보지 않게 됩니다. '가짜 우울'이나 '거짓말'로 여기고 '관종', 즉 관심을 원하는 특이한 사람들이 일으키는 개인적인 문제로 바라보게 되지요. 이렇게 접근할 때 사회적 맥락은 사라집니다.

우울에 '중2병'이라는 의미만 붙어 있는 것은 아니었습니다. 설문지에 미리 답안을 적어서 들어갔다면 알 수 없었을 다양한 의미들이 면담을 통해 나왔습니다. 10대 연구자들은 우울한 사람에게 '가정환경이 이상한', '루저', '못난애', '아싸 아웃사이더', '약점', '같이 있으면 우울해지는', '타인을 감정 쓰레기통으로 쓰는' 등의 의미가 부착되어 있다는 걸 발견했습니다. 우울함은 단순히 신경 전달 물질의 불균형으로만 여겨지지 않았습니다. 경제적 지위나 가족과의 관계 등 개인의 삶 전반과 관련된 문제일 뿐 아니라 능력의 유무, 친구가 많은지 혹은 적은지 같은 사회적 관계를 드러내는 문제로 인식되었습니다.

이런 상황에서 청소년이 우울에 대해 말하거나 표현하

기란 쉽지 않습니다. 밖으로 드러내기보다는 '정신력으로 이겨 내야 하는 것', '혼자 견뎌야 하는 것'으로 여기게 됩니다. 청소년들은 '가만히 누워서 버티는 것'만이 답이라고 생각했습니다. 청소년들이 사춘기를 겪고 있어서 또는 사회를 충분히 경험하지 못해서 그런다고 말하기는 어렵습니다. 청소년들의 이런 모습은 우리 사회가 우울증과 관련하여 공유하는 문화와 아주 닮아 있기 때문입니다. 면담은 청소년의 이러한 생각과 행동이 단순히 개인적 기질이나 선택의 문제가 아니라 사회적 맥락 속에서 형성된 문화를 반영한다는 점을 잘 보여 줍니다.

문화인류학은 면담을 포함한 '현장 조사field work'라는 연구 방법을 통하여 하나의 사회나 집단이 공유하는 문화를 이해하고자 합니다. 실험이나 척도에 기초한 양적 조사와는 사뭇 다르지요. 사람을 직접 만나 묻고 답하는 면담은 어떤 면에서 유의미할까요? 문화인류학자 클리퍼드 기어츠는 '심층 기술thick description'이라는 개념을 통해 단순한 관찰을 넘어 행위에 담긴 맥락과 의미를 파악하는 것이 중요하다고 말합니다. 대표적인 사례는 눈을 깜박이는 행위의 의미를 어떻게 이해하는가에 관한 것이죠. 예를 들어 어떤 사람이 눈을 깜박이는 행위는 눈에 이물질이 들어가서 일어난 단순한 신체 반응일 수 있지만, 다른 경우에는 누군가에게 보내는 신호나 암묵적인 메시지일 수도 있죠. 어떤 맥락에 놓여 있느냐에 따라 의미가 완전히 달라진다는 뜻입니다. 면담은 당사자의 시각에서 세상을 보고 행동의 의미를 파악하면서 '눈을 깜박이는 행위'의 배경과 맥락을 탐구할 수 있도록 돕습니다. 면담을 통해 청소년에게 우울이 의미하는 바를 탐구한다면 우리 사회의 규범과 가치, 신념 체계 등을 더 깊이 이해할 수 있습니다.

면담은 풍부한 맥락을 이해하는 데만 유용한 것이 아닙니다. 면담 과정은 연구자가 스스로를 돌아보게 만듭니다. 연구자는 질문을 하고 듣는 과정을 통해 기존에 가지고 있던 지식이나 믿음을 다시 한번 검토하게 됩니다. 면담에 참여한 사람은 연구자가 정해 놓은 선택지 안에서만 대답하지 않기 때문입니다. 이 과정은 질문을 바꾸게 하고, 때로는 버리게도 합니다. 그러면서 연구자는 자신의 관점에 어떤 한계가 있는지 깨달을 수 있습니다. 문화 연구자 엄기호는 질적 연구의 교육적 가능성에 대해 이야기하며, 질적 연구를 통해 나와 생각이 다른 사람을 관찰하고 면담하면서 타자성을 만나고 성장할 수 있다고 말합니다. 은별이 남긴 말은 이를 적확하게 보여 줍니다.

"저는 인터뷰 전에 제가 진짜 똑똑한 줄 알았어요. 그래서 저는 그 사람들을 다 파악했다고 생각했고, 그러니까 그 사람들이 무슨 말을 할지 다 예측할 수 있다고 생각했어요. 근데 (…) 내가 이 사람을 이해하지 못하고 예측하지 못하는 면이 분명히 있구나. 그게 생각보다 많고, 대부분 예측을 못 하는구나. 그렇게 생각을 하면서 제가 옳다고 생각하는 게 옳지 않을 수도 있다는 생각이 들더라고요."

면담 과정에서 내 생각과 다른 답을 마주하게 되는 일은 아주 흔합니다. 나와 다른 생각을 만나며 질문은 더 깊어지고, 앎은 더 넓어질 수 있습니다. 머릿속에서 나와 같은 얼굴들만 마주하는 게 아니라, 나와 다른 사람들을 직접 만나고 이야기를 나누며 내 생각을 돌아볼 수 있습니다. 나를 돌아보고 성찰할 때 사람은 성장하기 마련입니다. 새로운 질문을 시작할 수 있기 때문입니다. 행동을 통제하고 예측하는 대신 설명하고 이해하는 데 관심을 가질 때 면담은 유용합니다. 은별은 면담이 자신이 탐구하는 문제를 다루는 데 유의미한 방법이었다는 점을 다음과 같은 말로 남겼습니다.

"우리 사회는 얇지 않고요. 모든 사람이 다 깊고요. 그리고 다양하고요. 다양하고 깊고 또 그러면서도 보편적이기도 해서 인터뷰가 중요합니다."

1부 정체성, 우리는 다양하고 복잡한 존재

청소년을 직접 만나며 제가 배운 아름답고 중요한 문장입니다. '다양하고 깊은' 여러분을 탐구하기 좋은 방법은 또 무엇이 있을까요?

질적 연구

세상에는 숫자로 딱 떨어지게 설명하기 어려운 일들이 많습니다. 예를 들어 청소년이 친구 관계를 어떻게 맺는지, 학교를 그만두는 과정이 어떠한지 알고 싶을 때 단순히 친구 수나 학교에 대한 만족도를 파악하는 것만으로는 충분하지 않습니다. 청소년에게 친구가 어떤 의미인지, 학교가 어떤 장소로 인식되는지를 이해해야 합니다. 질적 연구는 수치로 측정하기 어려운 경험, 감정, 과정, 그리고 사회문화적 맥락을 깊이 있게 이해하려는 접근 방식입니다. 이 방법은 '어떤 맥락이 존재하는가', '어떻게 경험하는가', '어떤 의미를 지니는가'와 같은 질문을 중심으로 연구 주제를 탐구합니다. 이와 같은 질문을 통해 연구 대상자의 생생한 목소리와 관점을 이해하고, 현상의 이면에 숨겨진 복잡하고 다층적인 의미를 탐구하는 데 목적을 둡니다.

질적 연구에는 다양한 방법이 활용됩니다. 그 가운데 면

1부 정체성, 우리는 다양하고 복잡한 존재

담은 가장 대표적인 것으로 연구자와 정보 제공자가 직접 만나 질문과 대화를 통해 생각, 감정, 경험, 가치관 등을 상세하게 탐색하는 방법입니다. 이때 연구자가 던지는 질문은 고정되어 있지 않고 참여자의 반응에 따라 수정되고 재구성됩니다. 질문과 답변이 객관식으로 지정되어 있는 설문지와는 다르지요. 따라서 면담은 연구자가 미리 준비한 틀을 넘어 참여자의 관점에서 세상을 바라보는 데 매우 유용합니다. 면담 이외에도 현장에 직접 들어가 상호 작용하며 자료를 얻는 참여 관찰, 일기나 편지, 공식 문서, 미디어 자료를 포함한 기록물을 분석하는 문헌 연구 등 질적 연구의 과정에는 다양한 방법이 활용됩니다. 이러한 방법들은 연구 대상자의 삶과 경험에 가까이 다가가 풍부하고 맥락이 살아 있는 데이터를 수집하는 데 큰 도움이 됩니다.

질적 연구를 통해 우리는 무언가를 '안다'는 것 자체에 대해 다시 생각해 볼 수 있습니다. 단일한 보편적 법칙으로 측정하고 설명하는 것을 넘어 각각의 고유한 상황과 맥락 속에서 현상이 어떻게 경험되고 해석되는지, 그 과정에서 어떤 의미가 생성되는지에 주목할 수 있습니다. 이와 같은 접근법은 지배적인 중심 서사에 도전하고, 우리가 세상을 새롭게 사유하도록 이끄는 중요한 동력이 됩니다. 기존의 거대 담론이나 일반화된 통계는 종종 소수의 목소리, 비주류적 경험, 혹은 맥락적 특수성을 간과하기 쉽습니다. 그에 비해 질적 연구는 구체적이고 생생한 이야기를 통해 숫자 뒤에 가려진 사람을 드러낼 수 있습니다. 연구 과정에서 연구자는 자신의 위치와 시각을 지속적으로 성찰합니다. 연구자가 누구인지에 따라 질문도, 만나는 사람도, 전달하는 방식도 달라지기 때문입니다. 이를 통해 우리는 지식이란 고정불변의 객관적 실체가 아니라, 연구자와 참여자, 사회문화적 맥락과 개인의 주관적 체험이 교차하는 지점에서 끊임없이 구성되고 재구성되는 역동적인 산물임을 알 수 있습니다.

2부

사회와

문화

나는

어디에 서 있을까?

1. 내가 보는 세상

위치성

해는 동쪽에서 떠서 서쪽으로 집니다. 모든 존재는 태어나 나이 들고 병들어 죽는 생로병사의 과정을 거칩니다. 이를 객관적 사실이라고 흔히 말합니다. 하지만 해가 동쪽에서 떠서 서쪽으로 진다고 말하는 것은 지구의 관점이고, 생로병사라는 과정도 인간이 시간과 변화를 인식하는 특정한 방식입니다. 나아가 같은 사실이더라도 사회에 따라, 사람에 따라 해석은 달라집니다. 농업 사회에서 해의 움직임은 삶의 리듬을 결정하는 절대적 기준입니다. 해가 뜨면 일을 시작하고, 해가 지면 하루를 마감하죠. 반면 현대의 게임 개발자들은 종종 밤낮의 구분 없이 작업에 몰두합니다. 며칠

씩 태양을 보지 않고도 살아가죠. 같은 태양이지만, 한쪽에서는 신성한 시간의 지배자이고 다른 쪽에서는 그저 창밖의 배경일 뿐입니다. 나이 든다는 것의 의미 역시 마찬가지입니다. 열 살 어린이, 열아홉 살 청소년, 여든 살 노인에게 나이는 다른 의미와 감각으로 경험됩니다. 그에 따라 나이의 영향을 받는 정도도 다르지요. 다시 말해서 해는 언제나 뜨고 지고, 인간은 누구나 나이를 먹지만 그 경험이 우리에게 무엇을 의미하는지는 우리가 누구인지, 어떤 사회에서 어떤 역할을 하며 살아가는지에 따라 완전히 달라지는 것입니다.

문제는 이렇게 서로 다른 위치에 서 있다는 것을 인식하지 못할 때 발생합니다. 대화 상황을 예로 들어 보겠습니다. 대화는 서로를 이해하고 관계를 형성하는 기본적인 수단입니다. 갈등을 해결하고 건강한 관계를 만들어 가는 보편적인 해결책이지요. 하지만 거기에 참여하는 사람들이 어떤 위치에 있는지에 따라 대화의 의미는 달라집니다. 어른과 청소년 사이의 대화는 어떠한가요? 청소년 여러분은 어른에게서 "대화하자"라는 말을 들으면 어떤 기분이 드나요? 반가운가요? 할 말이 마구 떠오르나요? 어른의 입장에서 대화는 민주적인 접근입니다. 일방적으로 지시하지 않겠다, 함께 의견을 나눠 보자는 제안이죠. 그러나 "우리 대화

좀 하자"라는 어른의 말에 청소년들은 대체로 유쾌하지 않은 표정을 짓습니다. "쫄린다", 즉 긴장되고 불안하다는 반응을 보이기도 하고, "혼나나?"라는 생각이 든다는 청소년도 많습니다. 왜 그런 생각이 드는지 물었더니 "그런 말을 할 때마다 맨날 혼나니까"라는 대답이 돌아왔습니다. 청소년의 입장에서 어른과의 대화는 사전에 나오는 '객관적' 설명과는 의미가 상당히 달랐습니다.

대화는 겉보기에 민주적입니다. 그러나 이 민주적인 겉모습에는 어른과 청소년이 서로 다른 경험, 자원, 정보를 가지고 대화에 입장한다는 사실은 생략되어 있습니다. 실제로 대화는 다양한 형태를 띨 수 있습니다. 상대방을 추궁하고 심문하는 자리일 수도 있고, 때로는 '나를 설득해 보라'는 일종의 시험일 수도 있으며, 준비된 반론을 퍼붓기 위한 함정일 수도 있습니다. 청소년이 대화를 회피하거나 거부하는 것은 소통 자체가 싫어서이기보다는 대화에서 처하는 위치 때문일 가능성이 큽니다. 대화에 참여한 청소년은 어른이 이해할 수 있는 언어로 자신을 해명해야 합니다. 자신이 책임은 다하지 않고 혜택만 바라는 '등골 브레이커'가 아니라는 사실도 증명해야 합니다. "내가 해 봐서 아는데"라며 한심하게 보는 시선과 어조도 견뎌야 합니다. 이럴 때 청소년에게 대화는 이해와 소통의 장이라기보다는 평가와 검열의 공간일 수 있습니다. 그런 곳에 기꺼이 가고 싶은 사람은 별로 없을 겁니다. 참여자 간의 관계와 위치가 대화의 의미를 바꾸어 놓았기 때문입니다. 이처럼 누가 보더라도 동일한 사실은 좀처럼 없으며, 내가 어디에 누구로 서 있는지에 따라 세상의 모습은 달라집니다. 청소년인지 아닌지에 따라 세상을 바라보는 시각이 달라지듯이 성 정체성, 장애 유무, 국적, 민족, 사회경제적 배경, 거주 지역에 따라서도 관점은 달라질 수 있습니다.

그럼에도 우리는 종종 자신의 시각을 전체이자 보편으로 착각하곤 합니다. 서울 중심적 시각이 그 대표적인 예입니다. 뉴스에서 서울을 중심으로 이슈를 다루는 경우를 자주 볼 수 있습니다. 집값이 폭등했다거나 교통 정체가 심하다는 뉴스가 마치 전국적이고 보편적인 문제인 것처럼 다루어지죠. 하지만 서울이 아닌 지역에 사는 사람들에게는 해당되지 않는 문제일 수 있습니다. 서울을 중심으로 사고할 때 우리는 자연스럽게 "서울에 올라간다", "시골에 내려간다"라는 표현을 사용합니다. 그러나 지리적으로 보면 서울은 한반도의 최북단이 아니며, 서울 이외의 지역이 모두 '시골'인 것도 아닙니다. 이는 우리의 언어 습관에 서울을 기준으로 삼는 인식이 스며들어 있음을 보여 줍니다. 이런 말들을 강원도 원주에 사는 청소년이 들었다면 어떤 생각을 할까요?

내 위치에 따라 나의 생각과 경험이 달라지는 건 학교에서도 마찬가지입니다. 이를 이해하기 위해 교수에서 학생이 되어 본 인류학자도 있습니다. 리베카 네이선은 자신이 15년간 교수로 일하던 대학에 신입생으로 입학하면서 위치에 따라 대학 공간이, 과제의 양이, 교육의 의미가 달라지는 것을 경험합니다. 그는 언젠가부터 도저히 학생들을 이해할 수 없었다고 합니다. 왜 수업에서 토론을 진행하는 것이 '이를 뽑는 것'처럼 어려운지, 왜 학생들이 읽기 자료를 읽어 오지 않는지, 지도 면담을 해 주겠다고 해도 왜 아무도 찾아오지 않는지 궁금해졌습니다. 그래서 학생 '부족'을 이해하기 위해 인류학자로서 자신의 대학에 자유 전공 신입생으로 입학하여 현장 연구를 진행합니다. 흥미롭게도 그는 10년이 넘도록 일했던 학교에서 길을 잃었습니다. 학생일 때와 교수일 때는 다니는 길도, 건물도 전혀 달랐기 때문입니다. 같은 공간이라도 서 있는 위치에 따라 전혀 다르게 보였던 거죠. 시간 역시 다르게 이해됩니다. 그가 지도 면담을 해 주겠다고 한 시간은 학생들이 한창 바쁘게 이동해야 하는 시간이었습니다. 다른 위치를 경험하는 것은 세상을 새롭게 보는 기회가 됩니다.

문화인류학은 위치성이라는 개념을 통해 연구자의 관점과 위치가 연구 대상과 결과에 영향을 미칠 수밖에 없다는 점을 지적합니다. 연구자 역시 자신이 속한 문화의 틀을 통해 연구 결과를 해석한다는 것이지요. 인류학자 레나토 로살도는 이를 강렬하게 경험합니다. 그는 아내 미셸 로살도와 함께 필리핀 루손 지역의 일롱고트 부족을 연구했는데요. 이 부족은 사랑하는 사람을 잃었을 때 다른 사람의 머리를 베어 던지는 '머리 사냥'이라는 관습을 가지고 있습니다. 좀 놀랍지요. 연구자는 이를 단순한 폭력 행위로 보기보다는 상실감과 분노의 표출로 이해해야 한다며 문화적 관점에서 접근할 필요가 있다고 제안합니다. 14년 후, 레나토 로살도는 연구 당시에 자신이 상실감과 머리 사냥의 관계를 제대로 이해하지 못했다고 고백합니다. 삶의 동반자인 아내의 죽음을 겪은 후에야 사랑하는 사람을 잃은 상실감이 어떻게 압도적인 분노와 연결되는지를 실감하게 되었고, 그제야 '머리를 베어 던진다'라는 의례의 의미를 깊이 이해하게 되었다고 밝혔습니다. 이 연구의 목적이 분노를 폭력으로 표출하는 걸 장려하는 것은 당연히 아닙니다. 연구자의 경험과 역사, 정체성과 감정에 따라 연구 결과가 달라질 수 있음을 보여 주는 것이지요. 그가 수집한 자료는 달라지지 않았지만, 그 데이터를 분석하는 연구자가 새로운 경험을 하면서 연구 결과는 새로운 의미를 가지게 되었습니다. 이는 위치에 따라 지식이 구성되고 해석되는 방식이 달라진다는 사실을 잘 보여 줍니다.

그렇다면 서로 다른 위치에 있는 사람들은 어떻게 대화할 수 있을까요? 청소년과 비청소년의 대화는 어떻게 가능할까요? 비청소년의 입장에서도 사실 대화는 쉽지 않습니다. 서로 다른 위치에 있는 사람이 만나고 이야기하는 데는 늘 어느 정도의 긴장과 어려움이 있습니다. 이런 곤란을 겪는 어른들에게 청소년의 입장에서 어떤 힌트를 줄 수 있을까요? 조언을 구하는 비청소년들에게 은별은 세 가지의 규칙을 제안했습니다. 첫 번째는 상사에게 못 할 말은 나에게도 하지 마라. 두 번째는 협박하면 우리 관계는 끝난다. 세 번째는 실수하면 인정하라. 이 세 가지 원칙은 단순해 보이지만 상대방을 존중할 것, 권력이나 힘을 이용해 위협하지 않을 것, 실수했을 때는 책임을 회피하지 말고 솔직하게 인정할 것이라는 강력한 메시지를 담고 있습니다. 이는 대등하고 신뢰할 수 있는 관계를 맺기 위한 기본 조건입니다. 청소년이 이런 원칙을 스스로 세웠다는 것은 그만큼 기존의 대화나 관계에서 부당함과 긴장감을 겪었다는 뜻이겠지요. 그런 맥락에서 이 조언들을 이해해 볼 필요가 있습니다.

중요한 이야기가 남아 있습니다. 서로 다른 위치에 있다고 해서 영영 대화나 공감이 불가능한 것은 아닙니다. 우리는 한곳에 머물지 않으며, 우리의 위치는 계속해서 변화합니다. 위치성을 이해하자는 말이 모두 다르니 서로 간섭하지 말자는 뜻도 아닙니다. 그보다는 내가 서 있는 위치를 인식하고, 이 위치가 만드는 우리의 관점을 성찰하자는 의미입니다. 사실, 애초에 청소년들은 모두 같은 위치에 있지 않습니다. 내가 청소년이라고 해서 다른 모든 청소년을 이해할 수 있는 건 아니죠. 청소년이라고 해도 경제적 배경, 국적, 종교, 장애 유무, 성 정체성 등에 따라 세상은 제법 다르게 보입니다. 이렇게 다르지만 여전히 우리는 대화를 시도할 수 있고, 서로 도울 수 있습니다. 그렇다면 비청소년과 청소년의 대화와 연대 역시 가능하지 않을까요? 다른 위치를 상상하는 연습을 계속해 나가 봅시다.

위치성

위치성은 다양한 사회적 정체성과 관련하여 개인이 위치한 곳을 의미합니다. 우리의 위치는 성 정체성, 인종, 계급, 국적, 나이, 교육 수준, 장애 유무 그리고 삶의 경험 등 다양한 사회문화적 요인들이 어우러지고 교차하는 과정을 통해 만들어집니다. 그리고 이렇게 만들어진 위치는 우리가 세계를 이해하고 관계 맺는 방식을 형성합니다. 즉 세상에 대한 관점과 경험, 지식은 나의 위치에 따라 달라질 수 있습니다. 미국 역사를 예로 들자면, 신나는 음악 속에서 질주하는 카우보이가 떠오르는 서부 개척 시대는 아메리카 원주민의 입장에서는 침략과 학살, 그리고 삶의 터전을 떠나야 했던 고통의 역사로 이해될 수 있습니다. 진로 교육 역시 학생의 위치에 따라 다르게 받아들여질 수 있습니다. 미등록 이주 청소년에게는 보편적인 진로 이론이 그다지 유효하지 않을 수 있습니다. 비자 문제로 불확실한 일상을 살고 있는 사람에게 분명한 진로 목표를 가지고 노력하라는 조언은 현실을 반영하지 못한 이야기일 테니까요.

문화인류학 연구에서 연구자의 위치성은 연구의 전 과정에 영향을 미칩니다. 연구자가 어떤 배경을 지녔느냐에 따라 던지는 질문이 달라지고, 주목하는 현상이나 자료를 해석하는 방식도 자연스럽게 달라집니다. 특히 현장 조사를 진행할 때 연구 대상에게 접근이 가능한지 아닌지 또한 연구자의 정체성에 영향을 받을 수 있습니다. 10대 청소년의 놀이 문화를 연구하고자 할 때 양복을 갖춰 입은 50대 남성 연구자가 접근하기는 쉽지 않을 것입니다. 연구 주제에 따라 어떤 성별이나 국적을 가진 연구자는 특정한 정보에 더 쉽게 접근할 수 있고, 반대로 접근이 도통 불가능할 때도 있습니다. 연구 대상이 연구자를 어떻게 받아들이고, 어떤 방식으로 소통하려 하는지에도 연구자의 위치가 크게 영향을 미칩니다. 유치원의 교육 활동에 대한 연구라면 평교사의 관점, 학부모의 관점, 원장의 관점이 제법 다를 것입니다. 이런 맥락에서 자신의 위치성을 인식하지 못한다면, 의도치 않게 편견이 개입하거나 한쪽 관점을 전체로 오해하는 위험이 따를 수 있습니다.

위치성이라는 개념은 어떤 점에서 유용할까요? 일단, 내가 보는 세상이 전부가 아니라는 것을 알게 해 줍니다. 내 관점이 내가 서 있는 특정한 위치 성별, 계급, 나이, 문화적 배경 등에서 나온다는 것을 깨닫게 하지요. 이를 통해 내 생각을 한 번 더 돌아볼 수 있고, 다른 의견을 좀 더 열린 태도로 받아들일 가능성이 생깁니다. 완전히 객관적인 관찰자는 존재하기 어렵다는 사실, 나의 지식이 일부일 뿐이라는 점을 인정할 수 있지요.

보편과 객관을 가정할 때, 우리는 종종 우열에 기초한 차별에 빠지기 쉽습니다. 특정한 가치나 삶의 방식이 '정상'이나 '이상'으로 여겨질 때 그 바깥의 존재들은 쉽게 주변화되고 이해보다는 판단의 대상이 되기 때문입니다. 위치성을 인식한다는 것은 이러한 고정된 기준에 균열을 내고, 다양한 관점과 경험을 마주하려는 시도입니다. 나아가, 위치가 다르더라도 서로 연대하고 연결될 수 있음을 발견하는 기회일 수 있습니다.

2. 9등급 인간

능력주의

9등급 인간. 10대의 삶을 탐구하는 청소년 연구자 은별이 자신에 대해 이야기하며 쓴 단어입니다. 서울의 한 고등학교에 다니던 은별은 학교에서 자주 느끼는 것이 있다고 말했습니다.

"'내가 잘못된 것 같다'라는 느낌입니다. 아닌 걸 알지만, 학교에 있다 보면 그런 생각이 들게 돼요. 학교에서 나는 9등급의 인간이기 때문이죠. 어떤 등급이든 마찬가지긴 해요. 내가 9등급이라고 점수 매겨진 요소는 성적뿐이지만, 나라는 인간의 모든 것에 반영됩니다."

묵직한 이야기지요. 9등급 인간, 무슨 뜻일까요. 등급

2부 사회와 문화, 나는 어디에 서 있을까?

은 시험 성적에 따라 나뉩니다. 1등급이 있는가 하면 9등급도 있습니다. 거기에 인간이라는 단어가 붙는 순간 단순히 점수의 높고 낮음만을 의미하지 않습니다. 얼마나 성실한지, 얼마나 현명한지, 얼마나 괜찮은 사람인지를 포함해서 모든 면이 등급으로 판단되는 것 같다고 청소년들은 말합니다. 여러분도 비슷한 생각을 한 적이 있나요? 9등급만 이런 생각을 하는 건 아닙니다. 5등급 인간, 2등급 인간도 등급에 따라 판단되는 건 마찬가지죠. 시험 성적, 즉 '능력'에 따라 어떤 대접을 받을지가 결정되는 일은 우리에게 낯설지 않습니다. 어쩌면 여러분은 성적이 낮으면 9등급 인간으로 취급받는 것이 당연하다고 생각할지도 모릅니다. 그 사람이 한 노력뿐만 아니라, 그가 얼마나 가치 있는 인간인지를 보여주는 것이 바로 성적이라고 생각한다면 말이지요.

과연 그럴까요. '성적은 재능과 노력에 의해 결정된다'는 말에 대해 여러분은 어떻게 생각하나요? 머릿속으로 금방 사교육 기회나 부모의 교육 수준 같은 말을 떠올렸을 것입니다. 한국은행 경제연구원이 2024년 8월에 발표한 자료에 따르면, 부모의 경제력과 수험생이 사는 곳이 입시 결과에 큰 영향을 미친다고 하는데요. 부모의 소득이 높거나 서울을 비롯한 수도권에 사는 학생이 상위권 대학에 입학할 기회가 많아진다고 합니다. 이는 개인의 재능과 노력 이상의 사회경제적 조건들이 성적에 큰 영향을 미친다는 사실을 보여 줍니다. 서울의 학원 수와 경상북도의 학원 수만 비교해 봐도 교육 자원의 차이를 여실히 느낄 수 있지요.

성적에 영향을 미치는 요소는 그 외에도 다양합니다. 가족의 실직, 본인의 질병, 소수자로서 받는 차별과 폭력 등도 큰 영향을 미칠 수 있습니다. 교사이자 연구자인 강지나는 빈곤 청소년의 성장 과정에 대한 연구에서 학업에만 집중하기 어려운 조건에 관해 이야기합니다. 학교 밖에서 일을 해야 할 때, 집에 돌봐야 하는 사람이 있을 때, 이번 달 집세가 걱정될 때 공부에 몰두하기란 쉽지 않습니다. 따라서 온전히 개인의 능력과 노력을 통해서만 성과를 만들어 낸다고는 볼 수 없습니다.

'노력하면 된다'는 전제에도 질문을 던질 필요가 있습니다. 철학자 마이클 샌델은 노력이 성취를 판단하는 기준이 될 수 없다고 말하면서, 벽돌을 두 장 들 수 있는 사람과 열 장 들 수 있는 사람을 예로 듭니다. 이들이 똑같이 세 장을 들었다면 누가 더 노력한 걸까요? 강의실에서 저는 종종 학생들에게 노력이 성과를 만드는지, 성과가 노력을 인정해 주는지 묻습니다. 학생들은 늘 후자라고 답합니다. 성과

가 나올 때에야 노력의 존재가 드러난다고요. 더 나아가서 노력할 수 있는 조건 자체도 내가 결정하는 게 아닐지도 모릅니다. 샌델은 출생 순서와 능력에 관한 흥미로운 예시를 듭니다. 하버드대학에 합격한 것이 자신이 노력한 결과라고 주장하는 학생들에게 집에서 첫째아이로 태어났다면 손을 들어 보라고 했더니 매년 그중 75~80퍼센트가 손을 들었다고 합니다. 성과를 내는 학생 중 상당수가 첫째였다는 거지요. 심리학 연구에 따르면, 첫째로 태어난 사람들이 가족 안에서의 위치와 관계적 특성상 더 높은 수준의 성취를 하고, 더 노력하는 성향으로 성장한다고 합니다. 물론 첫째로 태어난 것이 성취의 전부를 결정하지는 않을 것입니다. 중요한 것은 노력을 가능하게 하는 성격, 성향조차 스스로 결정하는 게 아닐 수 있다는 사실입니다.

안타깝게도 그럼에도 많은 청소년이 '내가 문제'라고 생각합니다. 능력주의의 관점에서는 사회와 문화를 비판적으로 분석하기보다 결국 '나'의 노력과 재능에 집중하게 됩니다. 모든 것이 개인의 탓이 되지요. 청소년 연구자들과 함께 자기 자신과 타인, 미래에 관해 연상되는 키워드를 나열하는 워크숍을 진행한 적이 있는데요. '나'에 대한 키워드로는 '요구한 것보다 내가 항상 못하는', '자기 자신이 싫은'

을 뽑았습니다. 늘 기준에 미달하는, 부족한 상태로 자신을 이해하는 것은 '내일이 기대되지 않는'이라는 키워드와도 연결된다고 볼 수 있습니다. 그렇다면 1등급 학생들은 내일을 기대하고 있을까요? 자신을 훨씬 더 긍정하고, 자기 삶에 만족할까요? 2018년 서울대학교에서 실시한 조사에 따르면 재학생의 절반이 우울을 경험하고 있다고 합니다. 등급을 매기는 사회에서는 어떤 등급의 인간도 사람으로 살기 어려운지도 모릅니다.

따라서 능력에 새롭게 접근하는 관점이 필요합니다. 누군가가 '능력 있다'고 할 때 그 기준 역시 보편적이거나 불변하는 것이 아니라 사회나 문화에 따라 달라집니다. 지금이 수렵 채집 사회라면 무엇을 능력이라고 할까요? 여러 가지 답이 가능하겠지만, 수능 시험에서 높은 등급을 받는 것이 중요하지는 않을 것입니다. 우리는 '능력 있는' 사람이 더 중요하고, 사회에 더 많이 기여하기 때문에 더 좋은 대접을 받는 것이 당연하다고 생각합니다. 많은 사람들이 그에게 의존하고 있으니까요. 그러나 코로나19가 한창일 때를 떠올려 보면 우리가 가장 많이 의존한 사람은 누구였나요? 매일의 일상에 없으면 안 되는 사람은 누구였나요? 변호사였나요? 금융 전문가? 아니면 대학 교수였나요? 제가 이 말

2부 사회와 문화, 나는 어디에 서 있을까?

을 하면 학생들은 소리 내서 웃곤 합니다. 코로나19 시기에 제가 별로 중요한 사람은 아니었던 거죠. 저처럼 대학에서 강의를 하는 사람보다는 공공장소에서 손이 닿는 모든 곳을 닦고 쓰레기를 수거하는 환경미화원, 택배나 음식을 전해 주는 배송 기사, 버스나 택시를 운행하는 운전기사, 어리거나 아픈 사람들을 돌보는 돌봄 노동자, 식재료를 생산하는 사람들, 즉 필수 노동자라고 불리는 분들이 훨씬 더 중요했습니다. 이들은 기존에 '능력 있는' 사람으로 평가되지 않았습니다. 그러나 위기의 순간에 많은 사람이 의존하고 사회에 기여하는 존재가 되었습니다. 이들을 성적으로 평가할 수는 없겠지요. 마찬가지로, 등급으로 여러분의 가치를 매길 수는 없습니다. 등급은 여러분이 어떤 사람인지에 대한 이야기 중 아주 일부에 불과하며, 여러분은 점수보다 훨씬 풍부한 이야기를 가진 사람이기 때문입니다.

능력주의

능력주의는 개인의 능력과 노력에 따라 사회 안에서의 지위와 자원이 분배되어야 한다는 관점입니다. 신분이나 배경, 가문, 풍습 등이 삶의 기회를 결정하던 과거 봉건 사회와 달리, 능력이 있고 노력한다면 누구나 더 풍요로운 삶을 누릴 수 있다고 믿는 근대 사회의 가치관이지요. 이 개념은 사회학자 마이클 영이 1958년에 펴낸 소설 『능력주의』에서 처음 등장했는데요. 이 소설에서 저자는 능력주의가 기존의 봉건적 신분주의와 마찬가지로 불평등을 재생산할 수 있다는 우려를 표했습니다. 개인의 주체성에 집중하여 평등한 기회를 보장한다는 점에서 능력주의는 자율성을 강조하는 면이 있다고도 볼 수 있습니다. 하지만 기회의 평등은 종종 결과의 불평등을 교묘하게 가리기도 합니다. 사회경제적 배경에 따라, 성별이나 인종에 따라, 장애 유무에 따라 한 사람이 능력을 펼칠 수 있는 조건이나 가능성이 다르게

2부 사회와 문화, 나는 어디에 서 있을까?

주어지기 때문입니다.

능력을 평가하는 기준 역시 중요한 쟁점입니다. 우리는 어떤 사람들이 능력이 있다고 생각할까요? 사회학자 피에르 부르디외는 엘리트 계급의 언어를 쓸수록 작문 과제에서 더 높은 등급의 점수를 받는다는 점을 포착합니다. 또, 미국 시카고대학 경영대학원과 MIT의 공동 연구는 같은 내용의 이력서라도 흑인이 주로 쓰는 이름으로 냈을 때와 백인이 주로 쓰는 이름으로 냈을 때 답장이 오는 비율이나 채용 합격률이 크게 달라지는 것에 주목했습니다. 성별에 따라서도 비슷한 상황이 나타났습니다. 같은 조건을 갖추었더라도 여성인가 남성인가에 따라 적합한 인재인지 아닌지에 대한 판단이 달라졌습니다. 도쿄의과대학에서 10년 넘게 여성과 4수 이상을 한 남성의 점수를 낮게 조작하여 불합격시킨 사례가 발각되기도 했습니다. 즉 계급, 성별, 인종 등에 의한 불평등은 능력에 대한 판단과 긴밀하게 연결되어 있습니다.

개인이 주체적으로 무엇을 선택하고, 재능과 노력을 통해 성과를 내는 것은 물론 값진 일입니다. 그 반짝임은 여러분의 삶에서 소중한 자원이 될 수 있습니다. 하지만 사회는 다양한 사람을 필요로 하고, 우리의 삶은 하나의 기준으로 줄 세울 수 있을 만큼 단순하지 않습니다. 무엇이 능력인지, 누가 능력을 발휘할 수 있는지, 능력이 있다는 평가는 어떻게 내려지는지 등 여러 가지 질문이 여전히 남아 있습니다. 능력과 노력을 평가하여 삶의 기회를 박탈하고, 누군가를 영영 낙오시키는 것이 정당한지에 대해서도 질문해 보아야 할 것입니다. 사회에서 말하는 능력이 있어도, 없어도 누구나 존엄한 존재로 존중받으며 사람답게 살 권리가 있기 때문입니다.

3. 교실 내 서열

권력

교실 내 서열은 뜨거운 주제입니다. 이 주제를 보면 여러분
은 어떤 감정을 느끼나요. 가슴이 부글거리며 한마디 하고
싶을 수도 있고, 심장이 쪼그라들며 아무 말도 하고 싶지 않
을 수도 있습니다. 오래된 상처가 화끈거릴 수도 있고, 마음
한편이 묵직해질 수도 있습니다. 그만큼 교실 내의 지위는
청소년들에게 강렬한 반응을 불러일으키는 주제입니다. 제
가 만난 청소년도 그랬습니다. 그날은 연구 주제를 정하려
고 일상에서 마주한 문제들에 대해 자유롭게 의견을 나누는
자리였는데요. 서열이라는 단어가 나오자마자 순식간에 분
위기가 달아올랐습니다. 눈이 번쩍 뜨이고, 목소리가 커졌

지요. 청소년들은 자신의 발견과 관찰을 꺼내 놓느라 바빴습니다.

"다수결이 소용이 없어요."

"선생님도 걔네 눈치를 본다니까요?"

사이사이를 "맞아"라는 공감의 반응으로 채우며 청소년들은 성토와 고발을 이어 갔습니다. 이렇게 반응이 뜨거웠던 이유는 아마도 청소년의 일상에 교실 내 서열이라는 권력이 상당한 영향을 미치기 때문일 것입니다.

그렇다면 어떤 사람이 서열이 높을까요. 서울에서 고등학교, 중학교에 다니는 자두, 망개, 우지가 발견한 요소는 외모, 돈, 인맥, 성격이었습니다. 외모와 관련해서는 얼굴을 비롯한 신체의 생김새가 사회적 기준에 부합해야 했습니다. 옷을 잘 입는 것도 중요하고요. 경제적으로는 명품 등 값나가는 물건을 소유하고 친구들과 놀이에 쓸 수 있는 돈이 충분한 것이 중요했습니다. 물론 이들이 전통적 자본가처럼 돈을 벌 수 있는 수단을 보유하고 있다는 뜻은 아닙니다. 구성원들에게 돈을 분배해 줄 권한을 가지고 있다는 뜻도 아니고요. 그러나 돈은 지위 확보에 큰 영향을 미쳤습니다. 인맥 역시 중요했는데요. 청소년에게 인맥이란, 아는 선배나 후배가 많다는 것과 SNS 팔로워가 일정 기준 이상인 것을 의미했습니다. 많다는 건 구체적으로 페이스북을 기준으로 하면 2000명가량이고, 인스타그램을 기준으로 하면 수백 명 이상이어야 한다고 합니다. 쉽지는 않겠죠. 그 밖에 '카리스마 있다', '세다'는 말로 묘사되는 성격이 높은 서열을 차지하는 데 유리했는데요. 때로 이 '센' 성격은 사회적 소수자에 대한 혐오 발언으로 표현되기도 합니다. '자극적인' 발언을 하면 또래 집단에게 큰 호응을 얻을 수 있으니까요.

청소년 연구자들은 서열과 '정상'의 기준이 긴밀하게 연결되어 있다는 것도 발견했습니다. '정상'의 학습 속도, '정상'의 말투, '정상'의 위생 관념이 누군가를 평가하고 소외시키는 데 큰 영향을 미치고 있었습니다. 비청소년 독자에게는 이와 같은 요소늘이 그리 낯설지 않아서 오히려 흥미로울 수도 있겠습니다. 또래 지위와 권력 불평등은 청소년 집단의 고유한 문제라기보다는 한국 사회의 지배적인 문화를 잘 드러내 주는 현상이라고 볼 수 있습니다.

권력이 그러하듯 서열은 청소년의 일상에서 다양한 순간순간에 영향을 미칩니다. 청소년 연구자들이 발견한 것 중 하나는 교실마다 설치되어 있는 냉방기와 난방기의 온도를 결정하는 데 서열이 큰 영향을 미친다는 점입니다. 서열이 높은 집단에 속한 학생들이 덥다고 하면 냉방기 온도를 낮춰야 하고, 춥다고 하면 온도를 높여야 하는 경우가 많다고 합니다. 교실의 온도는 일상을 구성하는 중요한 요소이면서 눈에 뚜렷이 보이지 않는 조건입니다. 청소년들은 분명하게 느끼지만, 밖에서는 알아차리기가 쉽지 않습니다. 청소년이 경험하는 또래 간의 권력 문제도 마찬가지입니다. 이 외에도 단체 채팅방 초대, 급식 먹는 순서, 점심시간에 트는 노래, 반의 단체복 디자인, 수련회나 수학여행에서 방 정하기 등 일상의 곳곳에서 청소년들은 서열의 영향력을 느끼고 있었습니다. 서열에 따라 누가 목소리를 낼 수 있는지, 누가 중요한 일을 결정하는지, 누구의 취향이 존중되는지가 달라집니다. 물론 누가 괴롭힘이나 따돌림을 당하는지도 영향을 받고요. 청소년 연구자들이 특히 흥미를 느꼈던 부분은 반에서 투표로 결정한 일이 무효가 되는 상황이었습니다. 또래 간의 권력은 때로 다수결을 넘어섰습니다.

10대 여성을 연구한 여성학자 민가영은 서로 비슷한 모습을 추구하며 동질감을 느끼던 또래 문화가 약해지고, 개인의 압도적인 자원을 표현하는 게 중요해지는 경향에 주목합니다. 같은 눈썹 모양, 같은 치마 길이 대신 개인이 예외적이고 우위에 있음을 보여주는 특징, 예를 들면 타투 등이 주목받는 경향이 나타난다고 그는 말합니다. 이는 청소년 또

2부 사회와 문화, 나는 어디에 서 있을까?

래 내의 집단 문화가 점차 희미해지고, 개인의 힘과 위계에 집중하는 현상이 강해진다는 뜻이기도 합니다. 과거에 사람들을 구속하고 통제하던 여러 제한이 사라진 현대 사회에서는 집단보다 개인에 주목합니다. 개인의 선택과 자유, 능력이 소속이나 배경보다 우선이라고 보지요. 개성을 중시하는 것 역시 같은 맥락입니다. 문제는 개인 중심 문화가 단지 개성을 강조하는 것에 그치지 않고, 각자 살아남기라는 삶의 방식을 택하게 한다는 것입니다. 많은 연구들이 한국 사회는 IMF 구제 금융 이후 각자도생의 사회가 되었다고 말하는데요. 제각기 살아 나갈 때 중요한 건 '힘'입니다. 힘을 중심으로 한 관계 맺기는 청소년의 또래 관계를 특정한 모습으로 만듭니다. 동질감보다는 차별성을, 협력보다는 개인의 역량을 중시하는 경향이 나타납니다.

그렇다면 청소년들은 꼭대기에 올라가고 싶을까요? 청소년 연구자가 또래에게 본인은 서열의 어느 위치쯤에 있느냐고 물었을 때 10대들은 뭐라고 대답했을까요? 대부분의 청소년은 자신이 '중간' 위치에 속한다고 답했습니다. 실제로 중간에 속해 있을 가능성도 있고, 중간에 위치하고 싶을 수도 있겠지요. 하지만 이어지는 이야기들은 서열에서 상위에 속하는 것도, 하위에 속하는 것도 안전하지는 않다는 것을 청소년들이 간파하고 있음을 보여 줍니다.

교실 내 권력은 그다지 안정적이지 않습니다. 한때 서열이 높은 집단에 속해 있었다고 하더라도, 그 안에서 일어나는 갈등과 분란에 따라 수시로 집단에서 쫓겨날 수 있습니다. 지위가 추락하는 상황은 생각보다 빈번하게 일어납니다. 구설수로 추락하기도 하고, 갈등이 일어났을 때 힘겨루기에서 밀려 낙오되기도 합니다. 또 표면적인 분쟁이 없더라도 매일 변화하는 맥락 속에서 유리한 위치를 지속적으로 점유하는 것은 쉬운 일이 아닙니다. '힘'은 고정되어 있지 않고 맥락에 따라 지속적으로 움직이고 변화합니다. 1학년 때는 서열이 높았더라도 2학년이 되면서 외톨이가 될 수도 있습니다. 학교에서는 목소리가 큰 사람이 가족 안에서는 침묵하는 존재일 수도 있겠지요.

그렇다면 질문을 바꿀 필요가 있습니다. '어떻게 하면 위로 올라갈 수 있을까'가 아니라 '추락해도 별 탈 없이 살 수는 없을까'로 말입니다. 우정은 추락의 좋은 대안일 수 있습니다. 우정은 평등하게 서로 존중하는 관계를 바탕으로 하기 때문입니다. 물론 청소년들에게 우정은 어려운 주제입니다. '진정한' 우정은 발견하기 어려울 뿐 아니라 유지하는 것도 번거롭고 까다롭다고 청소년들은 말합니다. 하지만 우

2부 사회와 문화, 나는 어디에 서 있을까?

정이 반드시 깊고 진할 필요는 없습니다. 서울의 중학교에 다니는 망개와 유딩의 우정도 그랬습니다. 유딩은 아주 활발합니다. 모든 것에 의견이 있고, 사람들에게 먼저 다가가는 적극적인 사람입니다. 망개는 노래를 좋아하고, 분위기가 만들어지면 한 곡 정도는 사람들 앞에서 부를 수도 있습니다. 하지만 둘 다 학교에서는 조용했습니다. 유딩은 학교에서는 주로 엎드려 있다고 말했습니다. 말해도 아무도 대답해 주지 않거나, 주로 핀잔 섞인 '꼽 구박이나 모욕'을 받는다고 했죠. 망개는 학교에서 따돌림을 경험하고 있었습니다. 수련회 동안 같이 이야기할 사람을 찾기도 어려웠고, 밤에는 이불 없이 베개만 벤 채로 자야 했습니다.

둘이 서로의 위치에 진한 공감대를 느낀 건 아니었습니다. 작년에 같은 반이었지만 별로 친한 사이는 아니었고요. 아주 깊이 친하지 않더라도 내가 하는 재미있어 보이는 것을 쓱 건넬 수는 있었죠. 요즘 학교 밖에서 재미있는 일을 하고 새로운 사람들을 만나고 있다는 유딩의 말에 망개는 솔깃했습니다. 어느 토요일에 한 번쯤은 시간을 내서 따라가 보기로 합니다. 그렇게 자신의 경험을 연구하는 프로젝트를 시작했습니다. 토요일마다 우당탕퉁탕 보냈기 때문인지, 학교에서 보내는 시간들도 달라지기 시작했습니다. 쉬는 시간에 서로의 반에 가서 놀기도 하고, 수업 끝나고 햄버거도 같이 먹었죠. 이런 틈은 새로운 생각을 가져다주었다고 망개는 말합니다.

"학교를 나오지 않으면 난 결코 여기서 벗어날 수 없겠구나 하는 생각을 했어요. 전엔 친구가 하나도 없었거든요. (…) 이 연구를 하다 보니 하나의 틀에 갇혀 있었다는 생각이 들었어요. 절대 벗어나지 못한다는 생각보다는 다른 방면으로 생각할 수도 있겠구나 하는 생각이 들었습니다."

망개의 말은 공고해 보이는 서열의 틈을, 또 다른 가능성을 보여 줍니다. 종종 우리는 힘을 추종하고, 서열을 만들고, 그에 기초한 폭력과 불평등이 일어나는 것이 당연하다고 생각합니다. 지배와 복종이 인간의 본성이기 때문에 피할 수 없고, 해결할 수도 없는 문제라고 말이에요. 하지만 이런 논의는 인간이 지닌 또 다른 중요한 가능성과 잠재력을 외면합니다. 인간이 반드시 힘의 논리로만 관계를 맺는 것은 아닙니다. 우리에게는 '우정'이라는 다른 관계 맺기 방식도 존재합니다.

진화인류학자들은 기존의 강자 생존 논리를 반박하며, 협력적 의사소통이 진화의 강력한 동력이라고 말합니다. 인간은 다정함이라는 친화력을 통해 정보를 공유하고, 서로 지지하고 지원하며 생존 가능성을 높여 왔다고요. 인간 뿐 아니라 보노보 등 다양한 종이 생존하고 번영하는 데 협력은 여러 가지 방식으로 기여해 왔습니다. 이는 협력이 인간만의 전유물이 아니라, 생명 세계에서 발견되는 보편적인 생존 전략일 수 있음을 보여 줍니다. 사람 아기는 첫 단어를 말하거나 자기 이름을 배우기도 전에 다른 사람의 손짓을 이해하며 협력적으로 의사소통을 할 줄 안다고 하지요. 우리가 아주 작고 연약할 때부터 우정의 가능성은 존재했습니다. 그렇다면 분명 지금도 우리를 세계와 연결해 주고 살아남게 하는 데 큰 영향을 발휘하고 있을 겁니다. 서열만큼 뚜렷이 잘 보이지는 않지만, 우정은 분명 존재합니다. 지금부터 우정의 흔적과 가능성을 발견해 볼까요?

권력

'권력' 하면 뭐가 떠오르나요? 아마 대통령, 국회의원, 재벌 총수처럼 다른 사람에게 지시를 내리거나 힘을 가진 사람들이 생각날 겁니다. 사회학자 막스 베버는 권력을 "다른 사람들의 저항에도 불구하고 자신의 의지를 관철할 수 있는 능력"이라고 보았습니다. 이때 중요한 점은 이 힘이 개인의 성격보다는 사회적 관계나 제도 속에서 발생한다는 겁니다. 예를 들어, 여러분의 가족 안에서는 누가 최종적으로 결정 권한을 가지나요? 친구들 사이에서는 누구의 의견이 가장 잘 받아들여지나요? 일상적인 관계에서는 개인의 특성에 초점을 맞추기 쉽지만, 더 넓은 관점에서 보면 이 질문들은 '누가 사회적으로 중요한 결정을 내리는지', '누구의 의견이 가치 있다고 여겨지는지'와 밀접하게 연결되어 있습니다. 그렇다면 우리가 무심코 따르는 관습, 또는 어떤 말이 더 '있어 보이는지' 같은 문화적인 부분에도 권력이 숨어 있겠지요.

문화인류학에서 말하는 권력은 우리 생활 구석구석에 스며들어 있는 개념입니다. 단순히 누군가를 강제로 따르게 하는 힘만이 아니라, 우리가 무엇을 '정상'이라고 생각하고 무엇을 '좋다'고 여기는지에 작용하는 보이지 않는 힘까지 포함합니다. 권력은 힘센 사람이 약한 사람을 누르는 것만을 의미하지 않습니다. 어떤 말을 하고 어떤 행동을 해야 할지 암묵적 기준을 형성하고, 질서를 만드는 방식으로 작동하기도 합니다. 예를 들면, '비정상'을 관리하고 통제하는 방식으로 나타나지요. 학교에서 어떤 스타일의 옷이 유행하고, 어떤 말투를 쓰는 친구가 '인싸 인사이더'로 여겨지는지도 이런 권력 작용의 일부라고 볼 수 있어요. 즉 권력은 아주 사소한 일상에서 우리가 세상을 보고 행동하는 방식을 만들어 가는 힘이라고 할 수 있습니다.

사회 구조 및 불평등과 뗄 수 없다는 점에서 우리는 권력에 관심을 가질 필요가 있습니다. 특정 집단이 자원, 기회, 상징적 가치를 더 많이 가질 때 성별, 계급, 인종 등 다양한 형태의 사회적 위계와 불평등이 발생합니다. 이러한 권력 구조는 종종 지배적인 문화를 통해 '자연스러운 것' 또는 '당연한 것'으로 정당화되곤 합니다. 하지만 권력은 한곳에 고정되어 있지 않습니다. 권력을 유지하기 위해서는 끊임없는 저항과 협상을 마주해야 합니다. 문화인류학 연구들은 권력에 대응하는 다양한 개인과 집단의 반응을 보여 줍니다. 사람들은 기존의 권력관계에 순응하기도 하고, 교묘하게 협상하거나 회유하기도 하며, 전략적으로 대응하거나 저항하기도 합니다. 이처럼 기존의 권력에 도전하며 변화를 모색하는 역동적인 모습은 권력이 끊임없이 움직이는 동적인 과정이라는 점을 잘 보여 줍니다.

4. 너 혹시 페미야?

젠더

페미니스트에 대해 여러분은 어떤 감정을 느끼나요? 설렘과 호기심을 느낄 수도 있고, 부담과 반감을 느낄 수도 있습니다. 어쩌면 이 모든 감정을 동시에 느낄 수도 있지요. 이런 감정들은 페미니즘이 사회의 기존 관습과 가치, 즉 문화에 대해 질문을 던진다는 점과 긴밀히 연결되어 있습니다. 페미니스트는 성평등의 가치를 추구하고 실천하는 사람들이라고 볼 수 있는데요. 우리 사회에서 익숙하게 생각해 온 것들에 새로운 시각으로 접근하기 때문에 사람들에게 여러 가지 감정을 불러일으키곤 합니다. 예를 들면 페미니스트는 "여자가 이게 뭐냐" 또는 "남자가 왜 이래"라는 말을 당연하게 여기지 않습니다. 또한 성 정체성이 그 사람의 성격이나 태도, 직업과 재능, 나아가 웃는 얼굴이나 목소리를 규정할 수 없다고 봅니다. 우리 사회의 문화는 오랫동안 성별이 이러한 것들을 결정한다고 생각했습니다. 그동안 생각해 보지 못한 질문을 마주하면 다양한 감정이 들 수밖에 없습니다. 사회 변화에 대한 일반적인 반응이라고도 볼 수 있지요. 하지만 어떤 문화도 일관되고 고정된 형태로 유지되지 않습니다. 한때는 체벌이 당연한 교육의 방법으로 여겨졌지만, 지금은 그렇지 않은 것처럼 말입니다. 어떤 문화나 사회에서든 질문은 언제나 발생합니다. 우리는 이런 질문을 어떻게 맞이해야 할까요?

때로 질문을 던지는 사람은 나와 너무 달라 보입니다. 이해하기 어려울 때도 있고, 시각의 차이를 받아들이기 힘들 때도 있습니다. 이럴 때 유용한 것은 낯선 것을 익숙하게 보는 접근법입니다. 여러분은 페미니스트와 어떤 공통점을 가지고 있을까요? 같은 또래일 수도 있고, 같은 학교에 다닐 수도 있죠. 비슷하게 수학을 싫어할 수도 있고, 늦잠 자는 것을 좋아할 수도 있습니다. 페미니즘의 관점에서 교실 문화를 연구한 10대들은 페미니스트와 페미니스트에게 반감을 품은 사람 모두가 함께 경험하는 공통된 문화가 있다고 말합니다. 처음부터 공통점을 발견할 거라고 생각하진 않았다고 합니다. 이들은 서로 아주 먼 존재들처럼 보이기도 하니까요. 오리는 페미니스트로 자신을 정의하는 학교 밖 청소년인데요. 연구를 위해 페미니스트에 반감을 가진 사람들을 면담한 적이 있습니다. 면담 전에는 그들을 완전히 다른 의견과 경험을 가진 집단이라고 생각했다고 합니다. 확신이 있었다고요. 그런데 의외로 그들도 비슷한 고민을 한다는 사실을 발견했습니다. '교실에서 배제되지는 않을까', '어떻게 해야 좀 더 괜찮은 사람, 말하자면 세 보이고 쿨해 보이는 사람으로 입지를 다질까' 같은 고민을 말입니다. 여러분도 이런 고민을 하고 있나요? 오리의 이야기를 조금 더 자세히 들어 볼까요.

"근데 인터뷰하면서 명백하게 나와 전혀 다른 의견과 경험을 가지고 있을 것 같은 사람이 사실은 나랑 비슷한 경험을 하고 비슷한 감각을 느낀 적이 꽤 많다는 걸 알게 되었어요. 예를 들자면, 교실 안에서 이런 분위기 속에서 맞장구를 쳐야 할 것 같다든가, 그렇지 않은 것을 선택할 수 없다든가. 이런 고민을 그 사람들도 하고 있었고, 그리고 사실 그런 단어를 사용하는 데는 사회적인 맥락이 훨씬 크더라고요. (…) 그런 말을 해야 남성 집단 안에서 조금 세 보인다든가 쿨해 보인다든가, 그리고 그런 단어를 사용하는 것에 이의를 제기했을 때 내가 배제되지 않을까 하는 두려움을 느낀다든가 하는 것들이요."

흥미롭지요. 페미니스트도, 페미니즘에 반감을 가진 사람도 공통의 교실 문화 안에서 살아갑니다. 함께 느끼는 두려움과 압력이 있습니다. 한 사람의 행동은 단순히 개인의 신념이나 선택에 의한 것만이 아닙니다. 페미니즘에 대한 생각과 행동에는 사회적 맥락과 관계가 큰 영향을 미치고 있습니다. 그렇다면 오리가 발견한 공통점을 어떻게 설명할 수 있을까요? 이 닮은 점들이 말해 주는 건 무엇일까요? 왜 세 보이려면 여학생들의 순위를 매겨야 할까요? 왜 같이 어울려 놀려면 페미니스트를 욕해야 할까요? 왜 '남자답지' 못한 것은 괴로운 일일까요?

사회학자 래원 코넬은 '헤게모니 남성성'이라는 개념을 통해 남성 내부에도 위계, 즉 지위와 등급이 있다는 것을 보여 주었습니다. 남성이라면 무릇 추구해야 하는 이상적인 남성성, 즉 남자에게 요구되는 특성과 행동, 역할이 있으며 그에 해당하지 않을 때는 중심보다는 주변부에 위치하게 된다는 것이지요. 비주류가 된다는 뜻입니다. 남성으로 인정받기 위해서는 여성과 분명히 구별되고, 조금도 닮지 않아야 하기 때문에 여성과 비슷해지는 일을 피합니다. 그들에게 '여자 같다'고 하는 건 일종의 모욕입니다. 반대로 여성과 유사한 특징이 있다고 여겨지는 남성들, 말하자면 목소리가 작거나 체구가 작거나 조용한 성격인 남성들은 폄하되지요. 공격적이고 자기주장이 강한 태도를 남자답다고 보기 때문에 많은 남성들이 페미니즘, 즉 익숙하지 않은 새로운 의견은 공격하는 것이 바람직하다고 여깁니다. 찬찬히 생각해 보거나 시간을 두고 고민하는 태도는 권하지 않지요. 그렇게 남성 내부에 특정한 기준을 제시하면서 차별을 만들어 내고, 나아가 여성에 대해 차별적인 입장을 취합니다. 그들에게 여성은 동료 시민이 아니라 얼굴과 몸으로 순위를 매기는 대상이 됩니다. 이와 같은 헤게모니 남성성은 단지 교실에만 존재하는 것이 아닙니다. 영화와 문학에서, 정치와 경제의 영역에서 지속적으로 영향력을 발휘합니다. 즉 개인의 문제라기보다는 사회 구조적인 문제인 것이지요. 연구과정에서 10대들도 이 점을 발견합니다.

"근데 돌아와서 제가 인터뷰한 기록, 그리고 다른 연구원들이 인터뷰한 말들을 모아 놓고 보니까 그 사람들이 각각 서 있는 환경이 학교라는 구조 안에서 비슷한 거예요. 모아 놓고 보니까 그게 구조로 보인 것 같아요. 그전까지는 개인만 보였거든요. 한 명 한 명을 다 모아 놓고 보니까 우리가 머물고 있는 이 학교라는 공간이 보이는 거죠."

학교는 성 중립적인 공간처럼 보이기도 합니다. 공부와 성적이 중요할 뿐 여자인지 아닌지는 상관없는 곳처럼 느껴지죠. 하지만 자세히 들여다보면 교과서에서, 교사의 역할에서, 생활 지도에서 젠더, 즉 사회적으로 형성된 성 역할과 규범이 강력한 영향력을 발휘합니다. 예를 들면 학교에서 우리는 다양한 직업에 대해 배우지요. 소방관, 경찰관, 급식 조리사, 미용사, 의사, 간호사, 과학자 등 다양합니다. 그런데 여러분, 소방관이나 경찰관 다음에 호칭을 붙인다면 무엇이 떠오르시나요? 아마 소방관 아저씨, 경찰관 아저씨라는 말은 익숙할 겁니다. 그런데 소방관 아주머니, 경찰관 아주머니는 그다지 익숙하지 않죠. 왜 익숙하지 않을까요? 한국 사회가 그동안 남녀에게 적합한 직업이 따로 있다고 보며 활동 영역을 나누어 온 문화가 있기 때문입니다.

이 문제는 다양한 방식으로 반복됩니다. 여학생에게 적합하다고 권하는 직업은 어떤 것들인가요? 교과서에 의사와 간호사가 나올 때, 사장과 비서가 나올 때, 운동선수와 응원단이 나올 때 의사, 사장, 운동선수의 성별은 무엇인가요? 이런 현실은 학생들에게 어떤 영향을 미칠까요? 우리가 학교에서 배운 철학자, 음악가, 미술가, 사회 운동가는 왜 모두 남성일까요? 그렇게 배우는 사이에 우리는 무엇을 놓쳤을까요?

지배 문화를 거스르는 데는 늘 위험이 따릅니다. 유난스러운 사람, 상식적이지 않은 사람, 공동체를 해치는 사람이라는 꼬리표가 붙을 때도 있습니다. 그러나 평등은 교실에 꼭 필요한 가치입니다. 제가 만난 남성 청소년 중에는 교실 내의 '사람 깔보는 문화'에 반감을 품은 경우가 꽤 있었습니다. 그게 학교에 가기 싫은 이유가 되기도 했습니다. '내가 너보다 위다', '내가 너보다 강하다'를 쉼 없이 보여주어야 하는 게 짜증나고 고통스럽다고 말입니다. 성차별은 늘 위계를 만듭니다. 헤게모니 남성성이 남성과 여성을 차별하는 방식이 그러하듯 말입니다.

페미니즘은 모두에게 필요한 것일 수 있습니다. 여성학자 벨 훅스는 만약 성차별이 그렇게 남성에게 이득이었다면, 이렇게 많은 남성이 폭력과 중독의 고통을 겪고 있지는 않을 거라고 말합니다. 헤게모니 남성성은 위협에 공격적으로 대응하며 약점을 인정하지 않고 감정을 억압한 채로 타인의 도움을 거부하는 태도를 남자다움으로 규정하는데, 이것이 폭력 및 중독과 긴밀히 연결되어 있음을 다양한 분야의 연구들이 보여 주고 있습니다. 흥미로운 연구가 하나 더 있습니다. 많은 남성들이 건강을 추구하는 것을 여성과 연관된 일로 해석하고, 건강에 해로운 식단을 고수하는 것 자체가 남성성의 표현이라고 이해하는 경향이 있다고 합니다. 남자다움을 추구하다가 건강을 위협할 수도 있다니 흥미롭지 않나요? 내가 매일 먹는 음식에도 영향을 미칠 만큼 문화의 영향력은 참으로 강력합니다. 한편 여성들은 몸매를 관리하라고 압박하는 문화 때문에 영향 불균형이나 심리적 문제 등을 경험하는 것으로 나타났습니다.

이와 같은 여성성, 남성성의 기준이 모든 문화권에서 같은 양상을 보이는 것은 아닙니다. 말하자면 당연한 건 당연하지 않습니다. 인류학자 마거릿 미드는 『세 부족 사회에서의 성과 기질』이라는 저작을 통하여 문화마다 남성성과 여성성을 다르게 규정한다는 것을 보여 줍니다. 파푸아뉴기니에 사는 아라페시 부족의 경우 여성과 남성 모두 협동적이고 온순하며 양육에 적극적으로 참여합니다. 우리 사회에서 규정하는 여성성에 가깝지요. 반면 먼더거머 부족은 남녀 모두 공격적이고 경쟁적이며 자녀 양육에 큰 관심을 가지지 않습니다. 한편 챔블리 부족은 여성이 남성보다 지배적이고 경쟁적인 성향을 보입니다. 여성이 아침에 일어나서 일을 하러 가면, 남성은 자신을 치장하고 예술과 감정의 영역에 집중합니다. 상당히 흥미로운 모습이죠? 남성이 할 일, 여성이 할 일, 또는 남성과 여성의 본성은 생각만큼 분명하게 정해져 있지 않습니다. 사회문화적 맥락에 따라 남성성과 여성성의 기준이 다르고, 성 역할 또한 달라집니다. 문화인류학의 이런 연구들은 성별의 문제를 다시 살펴보게 하고, 우리에게 이야기를 나눌 공간을 마련해 줍니다. 우리가 종종 빠지는 생물학적 결정론, 즉 유전자와 염색체에 따라 성 정체성이 결정된다는 생각을 다시 검토해 보게 합니다. 아니, 오히려 과학적 사실에 근거하면 성을 남성과 여성으로만 나눌 수 없다고 하지요.

차별은 문화의 일부분이기 때문에 당연하고 익숙하게 느끼는 경우가 많습니다. 특히 오랜 시간 지속된 차별은 문화 속에 깊이 뿌리를 내려 인식조차 하지 못할 수 있습니다. 익숙한 것에 질문을 던지는 것은 분명 쉽지 않은 일입니다. 하지만 우리는 질문을 통해 새로운 세상을 만들어 갈 수 있습니다. 여성학자 정희진은 페미니즘이 "남성과 여성 모두에게 자신이 어떤 존재인지 의문을 갖게 하고, 스스로 자신을 정의할 수 있는 힘을 준다"라고 말합니다. 여러분은 스스로 어떤 사람인지, 자신이 누구인지 궁금하지 않은가요?

기존의 틀을 넘어 나를 알아 가기를 바라고 있지 않나요? 내가 누구인지를 남자인지 아닌지로만 정의할 수 없다는 걸 여러분은 이미 알고 있습니다. 여러분을 청소년으로만 정의할 수 없듯이 말입니다.

페미니즘이 던지는 새로운 질문은 좁게만 정의된 여러분의 삶의 영역을 확장할 수 있습니다. 기존의 틀 안에서는 미처 보지 못했던 감정, 관계, 구조를 바라보게 하고, 나아가 여러분을 세상과 새롭게 만나게 할 것입니다. 이를 통해 여러분의 삶은 한층 풍부해질 것입니다. 한번 새로운 질문을 시작해 보면 어떨까요. 어쩌면 건강에 도움이 될지도 모르잖아요.

젠더

우리가 성별을 말할 때는 보통 태어날 때의 신체적 특징에 따라 구분되는 남성 또는 여성을 떠올립니다. 이를 생물학적 '성별sex'이라고 부를 수 있습니다. 그런데 이와는 조금 다른 의미로 사용되는 '젠더gender'라는 개념이 있습니다. 젠더는 생물학적 차이를 넘어 우리 사회가 '남성다움' 또는 '여성다움'이라고 여기는 역할, 특성, 기대, 그리고 개인이 스스로 느끼는 정체성 등을 포함하는 사회문화적 성별을 의미합니다. 즉 생물학적 성별이 주로 몸에 관한 것이라면, 젠더는 사회 속에서 우리가 어떻게 살아가고 인식되는지, 스스로를 어떻게 느끼는지와 더 관련이 깊습니다. 전 세계 다양한 문화를 비교 연구하는 인류학은 '남성다움'과 '여성다움'의 정의, 성 역할 분담, 각 성별에게 사회적으로 허용되는 감정의 표현 방식 등이 문화마다 얼마나 다른지 보여 줍니다. 이를 통해 젠더는 타고난 것이 아니라 사회와 문화 속에서 만들어진 것임을 알 수 있습니다.

그렇다면 젠더는 어떻게 만들어질까요? 우리는 태어나면서부터 가족, 학교, 친구, 미디어 등 주변 환경과 상호 작용하며 젠더를 배우고 익힙니다. 예를 들어 '남자는 씩씩해야 하고, 여자는 얌전해야 한다'는 생각, '파란색은 남자아이 색, 분홍색은 여자아이 색'이라는 구분, 또는 특정 직업이 남성 또는 여성에 더 어울린다고 여기는 것 등이 사회적으로 만들어진 젠더 규범입니다. 젠더 규범이 단순히 남성과 여성의 차이를 보여 주는 것만은 아닙니다. 남성은 주로 리더십이 있어야 한다는 기대를 받고, 여성은 주로 세심하게 주변을 돌봐야 한다는 기대를 받지요. 우리 사회는 리더와 돌보는 사람 중 어떤 사람을 더 가치 있다고 보나요? 누구에게 더 많은 급여를 주나요? 젠더는 사회적 기준에 따라 차별이 작동하는 원리를 잘 드러내 보입니다. 이러한 규범은 때로 개인에게 원치 않는 행동을 하거나 편견에 동조하도록 압력을 가하기도 합니다.

하지만 젠더 규범이 고정되어 있는 것은 아닙니다. 젠더에 대한 기대와 역할은 시대나 문화에 따라 다르게 나타납니다. 과거에는 당연하게 여겼던 성 역할을 지금은 당연하지 않다고 생각하고, 파푸아뉴기니의 부족이 우리 사회와 다른 젠더 규범을 가진 것처럼 말이죠. 젠더는 고정불변의 법칙이라기보다는 사회와 문화 속에서 계속해서 변화하고 만들어지는 개념이라고 할 수 있습니다.

젠더 개념을 이해하면 우리 자신과 세상의 작동 원리를 파악할 수 있습니다. 어린이 시절의 장난감부터 어른이 된 이후의 미래에도 젠더가 영향을 미치고 있음을 알게 됩니다. '그냥', '원래 그러니까'라고 생각했던 것을 보다 깊이 이해하게 되지요. 나 자신이나 주변 사람들의 감정을 더 잘 이해할 수도 있습니다. '남자답게', '여자답게' 살아야 한다는 기대 속에서 자신의 감정과 행동을 억누를 때 느끼던 답답함을 서로 나눌 수 있습니다. 정해진 성 역할에서 빗어났을 때 경계선에 선 외로움을 이해할 수 있습니다. 규범에 너무 익숙해져 스스로의 선택인지 사회의 기대인지 구별하지 못하는 막막함도 상상할 수 있게 되죠. 그러고 나면 질문을 던지게 됩니다. 이게 맞는 건지, 불공평하지는 않은지, 정말 자연스러운지 등에 대해서 말입니다. 이런 질문들은 단순히 답을 찾는 과정을 넘어 차별의 구조에 대해 이야기하며 변화를 모색할 수 있는 중요한 시작점이 됩니다. '원래 그런 것'은 없다는 생각 아래 세상을 다시 읽어 내는 눈을 가질 수 있습니다.

5. 비즈니스 친구

비즈니스와 친구는 서로 질감이 다른 단어죠. 함께 있는 것이 어색한 조합입니다. 비즈니스는 주로 사업이나 일을 뜻하는 매끈한 단어입니다. 이익과 손해를 중심으로 생각하지요. 반면 친구는 보드랍기도 하고 울퉁불퉁하기도 한 단어입니다. 손익보다는 이해와 가치를 공유하고, 시간을 함께하는 사이입니다. 그러나 청소년들은 이 두 단어를 동시에 나열했습니다. '비즈니스 친구'는 새로운 유형의 친구 관계라 저는 선뜻 이해하기 어려웠는데, 그 자리에 있던 다른 청소년들에게는 낯설지 않았던 모양입니다. 대다수가 고개를 끄덕이며 공감하고 있었어요.

이 단어 조합은 다른 곳에서도 곧 발견할 수 있었습니다. 청소년 문화에 관해 이야기하던 자리에서 한 학부모가 "학교 친구는 비즈니스 관계라던데요"라고 말하더라고요. 그렇다면 '비즈니스 친구'는 청소년을 둘러싼 사회에서 공유하는 개념일 수도 있겠습니다. 비즈니스 친구란 어떤 친구일까요. 수행 평가 정보를 공유하는 친구, 학교가 끝나면 만나지 않는 친구, 주말에 같이 놀지 않는 친구라고 청소년들은 말합니다. 때로는 '겉친겉으로만 친구'으로 불리기도 합니다. 표면적으로는 좋은 사이이지만, 유용함에 초점이 맞추어져 있고 중요한 고민은 나누지 않습니다. 힘든 마음을 말하는 일도, 격렬히 싸우는 일도, 화해하는 일도 없는 사이죠.

청소년이 친구를 사귀는 건 자연스러운 일이라고 여겨져 왔습니다. 어린이는 우울증과 거리가 멀다는 통념만큼이나 말입니다. 또래 관계는 청소년의 행동과 심리를 설명하는 핵심 요소이기도 하지요. 그러나 OECD 조사에 따르면, 한국의 중학생은 학업 성취도는 상위권이지만 친구 관계 형성은 가장 낮은 수준이라고 합니다. 많은 청소년이 친구를 사귀는 데 어려움을 겪고 있습니다. 서울교육정책연구소의 2023년 조사에 따르면, 지금의 초·중·고등학생 모두 10년 전의 학생들보다 믿고 이야기할 친구가 줄어들었다고 합니다. 초등학교 저학년의 43.2퍼센트가 친구들과 관계 맺기에 어려움을 호소하고 있다는 점은 새롭게 보입니다. 어린이조차 자연스러운 친구 사귀기가 더 이상 당연하지 않다는 뜻이기 때문입니다. 학년이 올라갈수록 어려움은 커집니다.

"요즘 애들은 더불어 살 줄을 몰라."

흔히 듣는 말입니다. 청소년들이 자기중심적이고, 개인주의적이라서 이런 현상이 나타나는 걸까요. 뜻밖에도 청소년들조차 종종 그 말에 동의했습니다. 하지만 정말 그럴까요. 청소년이 어떤 사회에 살고 있는지, 사회를 어떻게 보고 있는지를 들여다볼 필요가 있습니다. 사회 자본, 즉 서로 신뢰하고 도움과 정보를 주고받으며 연결될 수 있는 사람이 줄어드는 현상은 20세기 후반부터 많은 사회가 겪는 문제입니다. 평생직장이 사라지고, 가족 규모가 작아지고, 마을과 동네도 변화를 겪으면서 어른들 역시 사회적 단절과 고립, 관계의 상실로 심각한 어려움을 겪고 있습니다. 청소년이 사회적 관계를 연습할 수 있는 공간도 경험도 매우 부족하다는 뜻입니다. 특히 코로나19는 사회적 공간에서의 만남과 접촉을 불가능하게 했지요. 정신과 전문의 김현수는 코로나19 기간에 청소년들이 소속감과 결속감의 상실을 경험했다고 말했습니다.

그렇다면 청소년은 비즈니스 관계가 아닌 다른 관계를 어디서 경험할 수 있을까요? 오늘의 청소년들에게는 사람과 만나고 대화하고 상호 작용할 기회가 충분히 주어지지 않습니다. 이러한 현실은 놀이 문화의 변화에서도 엿볼 수 있습니다. 2021년 한국교육개발원의 연구에 따르면 초등학생의 92.2퍼센트가 입학 전부터 컴퓨터 게임을 해 왔다고 합니다. 초등학생 이전부터이니 얼마나 긴 시간 동안 컴퓨터 게임을 경험하는지 알 수 있지요. 컴퓨터 게임은 이들에게 이미 하나의 중요한 차원이자 세계라고 볼 수 있습니다. 그렇다면 여기에서 맺는 관계는 어떠할까요? 인류학자 노현종은 컴퓨터 게임이 노력에 따라 공정하게 보상받고 능력에 따라 지위가 결정되는 능력주의 이데올로기를 지속적으로 체험하는 공간이라고 이야기합니다. 능력이 부족하면 한 팀에 속할 수도 없고, 노골적인 무시를 당하기도 합니다. 마치 직장에서 성과에 따라 일하는 기회를 얻고 대우를 받는 것과 비슷하죠.

흥미로운 것은 놀이터 놀이의 규칙이 대화와 협력을 통해 구성되는 것과 달리, 컴퓨터 게임의 규칙은 사전에 결정되며 플레이어가 임의로 바꿀 수 없다는 점입니다. 놀이터에서 놀려면 계속해서 대화를 해야 하지요. 규칙이 불공평

하니 바꾸자고 이야기하고, 새로 온 사람을 끼워 주기 위해 놀이를 일부 변형하기도 합니다. 그래서 동네마다 다른 놀이 이름과 규칙이 있지요. 반면, 컴퓨터 게임은 개발자가 사전에 정한 룰 안에서 최선의 능력을 발휘해 승리하는 것이 핵심입니다. 동료는 함께 룰을 바꿔 나가는 사람이 아닙니다. 때로 컴퓨터 게임에는 동료 자체가 없기도 합니다.

어쩌면 청소년이 사는 공간이 대부분 '직장'과 비슷한 모습을 띠고 있는지도 모릅니다. 다양한 생김새나 삶의 복잡성에 대한 이해보다는 임무와 성과에 목적을 두는 공간 말입니다. 학교와 직장은 모두 사회적 공간이지만, 그 목적이나 목표, 실패가 용인되는 정도, 관계 맺는 방식과 평가에 따른 결과 등이 다를 수 있습니다. 역사학자 박노자는 한국 청소년에게는 청소년기가 없다는 도발적인 주장을 했습니다. 탐색하고 실패할 기회가 주어지기보다는 단일한 목표 아래서 프로젝트를 수행하고 결과를 중심으로 살도록 요구받는다고 말이에요. 다양한 가능성을 이리저리 시도해 보는 것은 미래의 불이익과 연결됩니다. 대학생들은 입시를 위해서 생기부에 적는 진로 분야에 일관성이 있어야 했다고 회고합니다. 하나의 분야를 계속 탐색해야 해당 전공에 진지한 관심이 있는 사람으로 보인다고요.

한 청소년은 생기부를 생각하면 도저히 친구들을 솔직하게 대할 수 없었다고 합니다. 만약 싸우기라도 한다면 어떻게 적힐지 걱정이 되었다고요. 이른바 '세특', 즉 생기부에 기록되는 '세부 능력 특기 사항'은 청소년들이 많은 관심을 보이는 평가 영역입니다. 선생님이 충분히 길게 써 주셨는지, 몇 줄이나 되는지를 늘 궁금해하지요. 사람 사이의 갈등은 필연적이고, 서로가 성장할 수 있는 계기가 되기도 합니다. 하지만 생기부를 의식하면 갈등이 생기는 게 부담스럽습니다. 친구 관계가 원만하고 사회성이 우수하다는 평가를 받으려면, 친구에게 가능한 한 맞춰 주고 갈등은 되도록 피해야 하기 때문입니다. '비즈니스 친구'로 지내는 게 인진하지요.

많은 신입생이 새로운 친구에 대한 기대를 안고 대학에 옵니다. 하지만 사회적 관계를 경험하고 연습할 기회가 충분하지 않았던 까닭에 새로운 공간에서 친구를 사귀는 일에 어려움을 겪고는 합니다. 같은 수업을 듣는 사람도 있고, 같은 과의 선후배도 있고, 동아리 구성원도 있지만 '친구'는 별로 없다고 학생들은 이야기합니다. 친구란 단순히 수업을 같이 듣거나 같은 과 소속이라는 것을 넘어서 일상과 가치관, 서로에 대한 이해를 공유하는 사람이어야 하니까요. 청소년들은 "비즈니스 친구 아닌 진짜 친구는 어디에서 사귀나요?"라고 묻습니다. 누가 '진짜' 친구인지 판단하기란 참 어려운 일입니다만, 이 질문을 통해 조금 더 깊은 관계를 맺고 싶은 그들의 마음을 읽을 수 있습니다. 거래, 손해, 이익이라는 획일적 가치를 넘어 더 귀하고 소중한 다른 가치를 주고받을 사람을 찾는 것이지요.

이를 위해 청소년들은 다양한 전략을 구사하며 애를 씁니다. 대중교통으로 두 시간이나 걸리는 다른 도시의 청소년 센터를 찾아오기도 하고, 온라인에서 친구 소개 해시태그를 사용하여 적극적으로 친구를 찾아 나서기도 합니다. 경쟁 요소가 없는, 함께 만들어 가는 게임을 즐기기도 하지요. 마음이 통하는 사이, 알맹이를 나눌 수 있는 사람을 만나고 싶다는 욕망은 강력합니다. 10대들은 매주 토요일 영화 제작 모임, 일요일 운동장, 페미니즘 토론 동아리 등 경쟁과 평가에서 자유로운 공간을 찾아 나섭니다. 불쑥불쑥 생겨나고 지속되고, 때로 사라지는 게릴라 공간에서 사람을 만나고 고민을 나눕니다. 학교와 집을 벗어난 제3의 공간을 통해 연대의 가능성을 가까이 느낍니다. 다행인 것은 비즈니스 관계 안에서도 때로 우정이 샘솟는다는 사실입니다. 망한 조별 과제 이후에 남는 친구처럼 말입니다.

사회적 관계

사회적 관계란 단순한 만남을 넘어 서로 영향을 주고받는 과정이 반복되고 지속되면서 그 형태가 일정한 모습으로 유형화된 것입니다. 학교에서의 친구 관계는 사회적 관계의 대표적인 예시입니다. 흔히 인간은 사회적 동물이라고 하지요. 나는 누구인가, 어떻게 살아야 하는가를 사회적 관계를 통하여 만들어 간다는 뜻입니다. 그래서 인류학자들은 인간의 삶을 이해하기 위해서는 사회 또는 개인만큼이나 사회적 관계에 주목해야 한다고 말합니다.

문화는 사회적 관계 속에서 재구성되고 변형되는 의미의 체계입니다. 사람들이 서로 상호 작용하고 의사소통하는 과정에서 문화적 관습, 규범, 가치관은 끊임없이 실천되고 재해석됩니다. 사람들은 관계를 통하여 놀고 일하고 밥 먹고 대화하고 전쟁하며, 그런 과정을 통해 의미를 만들어 갑니다. 따라서 사회적 관계는 유용한가 아닌가로 판단되는 단순한 도구가 아니라, 의미가 만들어지고 공유되는 핵심적인 장소라고 볼 수 있습니다.

사회적 관계는 한 사회가 살 만한 사회가 되는 데에도 영향을 미칩니다. 사회학자 로버트 퍼트넘은 '사회 자본'이라는 개념을 통해서 개인들이 분열하고 갈등하는 사회를 넘어, 더 민주적이고 누구나 참여할 수 있는 사회를 모색했습니다. 그는 사회 자본이 풍부한 사회가 정치적으로도, 경제적으로도 발전할 수 있다고 보았는데요. 커피를 함께 마시는 것부터 적극적 정치 참여까지 다양한 종류의 사회적 관계가 사회 자본의 중요한 요소이며, 이것이 풍부해야 살기 좋은 사회라고 말했습니다. 현대 사회에서는 이러한 사회 자본의 감소 현상에 대한 우려가 커지고 있습니다. 오늘의 사회적 관계는 과거보다 더 유동적이고 불안정하며, 쉽게 형성되지만 또한 쉽게 해체될 수 있는 특성을 가지고 있습니다.

사회적 관계에 주목하면 거대한 구조로서의 사회나 홀로 존재하는 개인을 넘어, 우리가 역동적인 연결망 속에서 의미와 정체성을 만들어 가는 입체적인 과정을 이해할 수 있습니다. 사회적 관계의 변화와 특징을 면밀히 관찰하는 것은 현재 우리 사회가 직면한 문제들을 진단하는 데 도움이 됩니다. 우리 사회가 공유하는 가치와 신념을 구체적으로 드러내 주기 때문입니다. 우리의 일상은 우리가 만나는 사람들과의 관계를 통해 이루어집니다. 따라서 그 관계를 들여다보는 것은 곧 삶을 이해하는 방법이기도 합니다. 여러분의 삶은 어떤 사람들과의 상호 작용과 연결로 구성되어 있나요?

6. 혼자 있으면 편해

외로움

'혼밥'은 일상적으로 쓰는 말입니다. 뜻을 굳이 설명할 필요도 없지요. 하지만 이 줄임말이 우리 일상에 등장한 지는 그리 오래되지 않았습니다. 혼자서 밥을 먹는다는 뜻의 이 단어는 언제부터 사용했을까요? 검색어 등장 시기와 관심도를 나타내는 구글 트렌드에 따르면, 혼밥은 2014년 웹에 처음 등장했고 2016년에 폭발적으로 관심을 받은 이후 지금까지 꾸준히 사용되고 있다고 합니다. 2014년 이전에도 혼자 식사를 하는 사람들은 있었겠지요. 하지만 그것을 굳이 하나의 단어로 표현해야 할 필요는 없었나 봅니다.

혼자 밥을 먹는다는 것은 어떤 의미일까요. 인류학은

같은 행동이 문화에 따라 다른 의미를 가지는 현상에 주목합니다. 한때 한국 사회에서는 혼밥에 부자연스럽다는 의미가 붙어 있었습니다. 밥은 누군가와 함께 먹는 것이 당연했으니까요. 10여 년 전의 기록이 남아 있는 인터넷 게시판을 들여다보면, 같이 밥 먹을 사람이 없을 때 어떻게 해야 할지 고민한 흔적이 보입니다. 또, 오래 영업한 식당에 가 보면 기본 좌석이 4인석으로 마련되어 있지요. 반면에 최근 개업한 식당에는 2인석이나 1인석이 많습니다. 문화가 달라지면서 혼밥이 자연스러운 일상이 된 것입니다.

여러분은 이번 주에 몇 번이나 혼자서 밥을 먹었나요? 2024년 초록우산어린이재단의 아동 행복 지수 조사 결과에 따르면, 학교에 가는 평일에 혼자 저녁 식사를 하는 청소년이 약 30퍼센트에 달한다고 합니다. 셋 중 한 사람은 혼밥을 경험하고 있는 거지요. 대학생들 사이에서는 이 비율이 훨씬 늘어납니다. 2017년 아르바이트를 소개하는 포털 사이트 알바몬이 조사한 바에 따르면, 대학생의 78.4퍼센트가 혼자 밥 먹는 것을 선호한다고 대답했습니다.

어쩌다 혼자 먹는 밥이 자연스러워졌을까요? 혼밥이 주는 자유로움과 편안함 때문일 수도 있습니다. 다른 사람과 함께 밥을 먹을 때와 달리, 원하는 시간에 원하는 메뉴로 방해 없이 식사에 집중할 수 있으니까요. 문화 연구자 강보라는 혼밥을 하는 시간을 '나다움'에 집중할 기회라고 말합니다. 한국 사회에서 나답게 살기란 쉽지 않습니다. '모난돌이 정 맞는다'라는 속담처럼 개별성과 다양성을 쉽게 인정하지 않는 문화가 깊이 자리 잡고 있기 때문입니다. 게다가 정보 통신 기술이 발달하면서 늘 네트워크를 통해 연결된 삶을 살고 있지요. 어딜 가도 DM 알림은 우리를 따라옵니다. 이런 상황에서 혼밥은 일종의 숨 쉴 틈이 될 수도 있습니다.

혼자 있을 때가 유일하게 삶의 주도권을 가졌다고 느낄 때라고 청소년들은 말합니다. 우리 사회는 나이에 따라 성취해야 하는 과업이 정해져 있습니다. 어떤 모습으로 살아야 한다는 규범이 아주 강한 사회지요. 10대에는 입시, 20대에는 취업, 30대에는 승진처럼 말이에요. 정신과 전문의 김현수는 10대들이 '1인용 인간'으로, 나 혼자만을 위한 삶을 살겠다고 하는 이유를 획일적인 삶이 강요되는 현실에서 최소한의 자율 영역을 사수하기 위한 시도라고 분석한 바 있습니다. 일상에서 사회의 기준에 맞춰 사는 것만으로도 버거우니 밥 먹는 시간처럼 개인적인 시간만큼은 오로지 자기 자신을 위해 쓰고 싶다는 거지요.

혼자 있을 때 자유롭고 편하다면 다른 사람과 함께 있을 때는 어떤 기분을 느낄까요. 현대 사회의 변화를 탐색하는 수업에서 학생들과 함께 타인의 의미에 대한 키워드를 모아 보았는데요. 결과는 흥미로웠습니다.

'자유로움에 있어서 걸림돌, 쉬는 시간을 뺏는, 잘 보여야 하는, 가짜 자아를 끄집어내야 하는, 나를 판단하는, 부담스러운, 기가 빨리는, 에너지를 뺏는, 피곤한, 양보해 줘야 하는, 내 것을 포기하게 하는, 거래 관계.'

어떤가요? 공감이 되나요? 다양한 표현들이 등장했습니다만, 비슷한 것끼리 묶을 수 있지요. 혼자 있는 것에 '자유롭고 편하다'는 의미가 붙어 있는 것과 달리, 나른 사람과 함께 있는 것은 '뺏기고 연기하고 평가받는 괴로움'으로 의미화되어 있습니다. 이 학생들이 유달리 이기적이거나 자기중심적이기 때문은 아닙니다. 이런 의미들은 우리 사회가 공유한 문화라고 볼 수 있습니다.

경쟁과 성과의 시장 논리를 바탕으로 한 신자유주의 사회에서 개인들은 자신조차도 하나의 브랜드처럼 관리해야 합니다. 나에게 '투자'하라는 말을 쉽게 듣곤 하지요. 생산성과 효율성은 개인의 삶에서도 중요한 가치입니다. 최대한의 자원을 모아 학업과 일에 집중해야 하고, 낭비는 막아야 합니다. 타인은 나라는 브랜드를 평가하거나 흠집 낼 수 있는 존재입니다. 내 에너지를 소모시킬 수도 있고요. 이런 상황에서 불필요한 대화는 장려되지 않습니다. 많은 청소년이 고3이 시작되면 '더 이상 친구를 만들지 않겠다'고 선포합니다. 카카오톡 등 메신저에서도 탈퇴하고요. 에너지를 모아 입시 성공에 집중하기 위해서입니다. 쉬는 시간이나 점심시간 등 틈새 시간도 최대한 활용해야 합니다. 적지 않은 수의 재수 학원에는 대화 금지 규칙이 있습니다. 옆 사람에게 말을 걸지 못하는 건 답답한 일이지만, 집중에 도움이 된다는 말도 적지 않습니다. 에너지도 효율적으로 쓸 수 있고, 옆 사람을 경쟁자로만 보기 때문에 오히려 공부에 도움이 된다고요. 이런 마음들은 '혼자'를 선택하는 것의 사회문화적 맥락을 잘 보여 줍니다.

그런데 여러분은 혼자 밥 먹기를 '선택'했나요? 자연스럽게 주어진 조건은 아닌가요? 사실 혼밥은 선택의 영역이 아닐 수도 있습니다. 현대 사회에서 사회적 관계가 축소되는 현상을 다양한 분야의 연구자들이 관심을 가지고 지켜보고 있습니다. 그들의 연구에 따르면 지역, 혈연, 종교 등에 의한 전통적인 사회 집단이 희미해지고, 점차 개인이 사회의 기본 단위로 자리 잡고 있습니다. 집과 직장 이외의 공간에서 소속감을 느끼는 경우는 드물지요. 도시화가 진행된 이후에도 한동안 복덕방, 미용실, 목욕탕, 향우회 등 동네의 사랑방 역할을 하던 공간은 남아 있었는데, 지금은 그러한 곳들도 사라지고 있습니다. 학교가 끝나면 몰려가던 PC방조차도 줄어들고 있다고 하지요. 2023년 한국콘텐츠진흥원의 조사에 따르면, 한때 2만여 곳이 넘던 PC방이 8000여 개로 감소했다고 합니다.

가족에서도 유사한 변화가 나타납니다. 4인 가구의 비율이 2000년 31.3퍼센트에서 2023년 13.3퍼센트로 대폭 줄어들고, 모든 연령대에서 1인 가구가 증가하고 있습니다. 특히 청년은 인구수 자체는 줄어들었지만, 1인 가구는 늘어났다고 하는데요. 이런 상황에서 요즘 청소년은 밥만 혼자 먹는 것이 아닙니다. 여러분은 주로 누구와 여가 시간을 보내나요? 2023년 문화체육관광부의 국민 여가 활동 조사에 따르면, 15~19세 청소년의 61퍼센트가 혼자서 여가 활동을 즐긴다고 합니다. 이 비율은 코로나19의 대유행 시기인 2020년의 74퍼센트에 비하면 많이 낮아진 수치이긴 합니다만, 여전히 꽤 높지요. 코로나19는 우리가 다른 사람과 함께 시간을 보내는 방식에 큰 영향을 미쳤습니다. 혼자 있는 시간을 자연스럽고 당연하게 만들었지요.

문제는 혼자 있는 것이 자연스럽다는 시각이 모든 문제를 혼자 해결해야 한다는 관점과 아주 가깝다는 점입니다. 서구 사회를 포함해 많은 나라에서 고립을 이 시대의 문제로 심각하게 다루고 있습니다. 2023년을 기준으로 서울시의 1인 가구는 전체 가구의 40퍼센트를 차지하는데요. 이들 중 62.1퍼센트가 외로움을 느낀다고 합니다. 이는 영국도 마찬가지입니다. 영국 적십자의 연구에 따르면, 다섯 명 중 한 명이 마음을 터놓고 이야기할 친구가 없다고 합니다. 고립을 경험한 영국의 한 20대 청년은 BBC 뉴스와의 인터뷰에서 "오직 스스로에게만 의존하는 걸 배워요"라고 말합니다. 혼자 모든 문제를 해결해야 할 때 우리는 어떤 어려움에 직면하게 될까요? 관련 연구에 따르면, 외로움은 건강을 심각하게 위협하고 일자리를 포함한 삶의 질 전반에 영향을 미친다고 합니다. 사회적 소속감을 약하게 만들기도 하고요.

여러분은 어려운 일이 있을 때 믿고 대화할 사람이 있나요? 한국보건사회연구원이 2023년 발표한 조사 결과에 따르면, 한국은 곤란한 일이 있을 때 도움을 받을 지지 체계가 없다고 응답한 '사회적 고립' 인구의 비율이 OECD 회원국 가운데 네 번째로 높았습니다. 독립과 고립은 분명 다르지만, 그 경계는 생각만큼 분명하지 않을 수 있습니다. 자신

2부 사회와 문화, 나는 어디에 서 있을까?

에게만 의지하고 자신의 힘만으로 살아남을 수 있다고 자신한다면 그 사람은 교육 수준에서도, 고용 상태에서도, 주거 형태에서도 충분히 혜택받은 사람일 가능성이 높습니다. 저소득층 청소년일수록 혼자 있는 시간이 길다는 통계는 혼자 있는 것이 그리 자연스럽지 않은 일일 수 있고, 또 즐겁기만 한 선택은 아닐 수도 있다는 면을 보여 줍니다.

흥미롭게도 청소년들은 이 와중에도 서로 연결될 수 있는 통로를 찾아낸 것 같습니다. 청소년들은 혼자 있기를 선택하면서도 '라방 온라인 실시간 스트리밍 방송, 즉 라이브 방송의 줄임말'에 즐겨 참여합니다. 폭발적인 상호 작용과 소통은 라방을 보는 이유 중 하나입니다. IT 기업 메타의 발표에 따르면 일반 동영상보다 라이브 방송에서 상호 작용이 열 배 증가한다고 합니다. 네트워크로 연결된 상태에서 함께 이야기를 만들어 가는 것에 익숙한 디지털 네이티브 세대는 보정되고 편집된 일인칭 영상이 아닌, 날것의 대화와 상호 작용이 가능한 라이브 방송을 만들고 또 봅니다. 라이브 방송에서 진행자가 댓글을 보지 않고 혼자 떠드는 경우는 드뭅니다. 계획하지 않은 질문에 의해 이야기의 흐름은 변화하고, 다른 걸 보여 달라는 요구에 따라 화면이 바뀝니다. 함께 보는 사람들과 함께 이야기를 만들어 갑니다. 화면 속에서 더불어 감탄하고, 서로 정보를 주고받기도 하면서 대화는 계속됩니다. 타인의 의미에 대한 키워드를 찾는 활동에서 대학생들은 다음과 같은 의미도 동시에 찾아냈습니다.

'내가 사회 구성원이 되게 하는, 내가 몰랐던 모습을 발견하게 하는, 감정을 공유하는, 내 세계를 넓혀 주는, 연약해졌을 때 도와주는, 힘들 때 별일 아니라고 새롭게 판단하게 해 주는, 배울 점이 있는, 함께 만들어 가는 존재.'

우리는 여전히 연결되어 있고, 연결되고 싶습니다.

외로움

외로움은 개인적인 감정이기보다는 이 시대의 문제입니다. 정치경제학자 노리나 허츠는 외로움이 심각한 사회문제를 만들고 있다는 점에 주목합니다. 외로움은 친밀한 사람들로부터 단절된 느낌이자, 사회·정치·경제적으로 배제되어 있다는 감각입니다. 한국 사회에서도 외로움은 심각한 문제입니다. OECD의 조사에 따르면 '곤란한 상황에서 도움을 청할 가족이나 친구가 있는가?'라는 항목에서 대한민국은 '있다'라고 답한 비율이 2021년에는 끝에서 4위, 2023년에는 최하위를 기록했습니다. 젊은 세대들이 특히 더 외로움을 느끼는 것으로 나타났는데요. 2023년 통계청에서 발표한 한국 사회 지표에 따르면 20대가 30~50대보다 더 외롭다고 느끼고 있습니다.

외로움은 정서와 신체 건강에 영향을 끼칠 뿐 아니라 필요한 정보와 자원, 도움을 얻지 못하게 하고, 나아가 사회적 결속력을 약화합니다. 복잡성과 예측 불가능성으로 가득 찬 미래 사회에서 협력이 필수적이라는 점에서도 외로움은 문제적입니다. 역사학자 유발 하라리는 2050년을 살아갈 인류에게 필요한 주요 역량 중 하나로 협력을 꼽았습니다. 고립되어 있을 때 협력의 역량을 갖추기란 쉽지 않겠지요. AI의 발전에 따른 직무 능력 변화에 대한 한국은행의 연구에 따르면, 앞으로는 고도의 인지 능력보다는 사회적 기술이 훨씬 중요하다고 합니다. '대화'라는 사회적 능력은 AI가 대신하기 어려운 기술이라는 것입니다. 협력은 미래 사회의 주요한 능력이면서, 동시에 생존의 기본 조건입니다.

사실 청소년들이 이런 사실을 모르는 것 같지는 않습니다. OECD PISA 테스트 결과에서 청소년의 95퍼센트는 스스로 '남의 말을 잘 들어 주는 사람'이라고 생각하며, 대다수가 개인 작업보다 팀워크를 선호한다고 답했습니다. 정답이 무엇인지는 이미 알고 있다는 것입니다. 그러나 교실 내 경쟁은 혼자 있는 것을 당연하게 합니다. 노동 유연화 시대, 평생직장은 사라지고 언제든 해고와 이직이 마련되어 있으니 직장에서 만난 사람들과 지속적인 관계 맺기를 상상하기는 어렵지요. 높아지는 월세에 밀려 가게들은 계속 바뀌고 '동네'에서 함께 사는 사람들을 만나기란 쉽지 않습니다. 문화 연구자 마크 피셔는 신자유주의가 유동적이고 파편적으로 사회를 재편하면서 긴 이야기가 사라지고 지속적 불안이 현대인과 함께한다고 말합니다. 디지털 기술의 발달은 이런 상황에서 우리가 연결될 기회를 주기도 하고, 혼자 있는 시간을 길게 만들기도 합니다. 혼자 자율적으로 자기를 돌볼 시간은 분명히 필요합니다. 그와 동시에 우리의 고립되지 않을 권리가 충분히 지켜지는지 검토해 볼 필요가 있습니다.

7. 가족 밖에서도

가족주의

가족에 대해 이야기하는 것은 쉽지 않습니다. 소중한 존재라서, 또는 상처가 되기 때문만은 아닙니다. 그보다는 어디부터 어디까지 이야기해야 할지 모를 정도로 너무 많은 것이 연결된 주제이기 때문입니다. 한국 사회에서 가족은 개인의 삶에 다층적으로 큰 영향을 미칩니다. 심리적 트라우마나 애착 관계에 대한 이야기만은 아닙니다. 우리의 일상, 예를 들면 대학 진학 준비를 떠올려 봅시다. 사회과학 연구자들은 종종 입시 과정을 가족 프로젝트라고 이야기합니다. 입시의 핵심 기관인 학교와 학원, 스터디 카페 등에 갈 수 있는 거주지부터 가족이 결정하지요. 투입되는 경제적 자본을

2부 사회와 문화, 나는 어디에 서 있을까?

수험생 개인이 감당할 수 있을까요? 관련 정보를 얻을 수 있는 사회적 관계와 수험 기간 동안 마음과 몸의 건강 전반을 돌볼 수 있는 자원 역시 수험생 혼자 갖추기는 어렵지요. 이 모든 과정에는 가족의 경제·사회·문화적 자원이 동원되며, 특히 여성 양육자인 어머니가 주요하게 참여합니다. 개인의 학습 능력으로 결정되는 것처럼 보이는 입시가 실은 가족 프로젝트라는 점이 흥미롭습니다.

이는 입시에 국한된 문제는 아닙니다. 일자리를 잃었을 때도, 나이가 들었을 때도 가족의 지원은 삶의 질에 지대한 영향을 미칩니다. 한국 사회에서 가족이 최선의, 그리고 최후의 사회 제도이자 안전망 기능을 하고 있다고 볼 수도 있습니다. 자취방을 마련할 때도, 대학 등록금을 낼 때도, 어릴 때도, 늙었을 때도, 아플 때도 가족이 주로 문제를 해결하고 돕는 단위가 된다는 것입니다. 코로나19 대유행 기간을 떠올려 보면 이 말을 이해하기가 조금 더 쉽습니다. 온라인 수업에 접속할 수 있는 인터넷 연결과 컴퓨터, 마이크, 책상, 의자, 화상 회의를 할 수 있는 공간 등을 사회가 마련하지는 않았습니다. 매 끼니의 식사, 격리 기간 동안 생활할 공간, 병원에 갈 때 탈 차량, 돌봐 줄 손길 등도 대체로 가족에 의해 결정되었습니다. 말하자면 재난의 안전망으로 가족이

기능을 했다고 볼 수 있습니다.

그런데 입시를 준비할 때도, 돈이 없을 때도, 아플 때도 가족 이외에 기댈 데가 없는 것은 당연해도 되는 일일까요? "아프고 힘들 때는 역시 가족이지"라는 말을 흔히 듣습니다. 여러분은 이 말에 대해 어떻게 생각하시나요? 너무 익숙해서 당연한 말이라고 생각할 수도 있습니다. 하지만 이 말이 위험할 수도 있습니다. 누군가의 어려움을 당연하게, 보이지 않게 만들기 때문입니다. 예를 들면 가족을 벗어나서 살고 있는 청소년들이 있습니다. 가족은 누군가에게는 안식처일 수 있지만, 다른 누군가에게는 안심할 수 없는 공간일 수도 있거든요. 또, 가족 구성원과 원치 않는 이별을 해야 하는 경우도 있고, 일자리나 병원 통원 등을 이유로 가족과 떨어져 살아야 하는 사람들도 있습니다. 아프고 힘들 때 가족에게만 의지해야 한다면, 가족의 범위에 포함되지 않거나 포함되지 못하는 사람은 어떻게 해야 할까요. 청소년은 아직 개인으로 살 수 있는 사회경제적 권리가 충분하지 않기 때문에 더 큰 영향을 받을 수 있습니다. 어린이는 생존권, 주거권, 교육권, 심지어 놀 권리까지도 가족이 결정하는 경우가 많다는 걸 여러분도 잘 알고 있을 겁니다.

그렇다면 '안정적인' 가족에 포함되어 있다면 모든 문

제가 해결될까요? 이른바 '정상 가족'에 속해 있다면 교육도, 보육도, 노후 계획도 문제없이 보장될까요? 불안이 일상이 된 사회에서 삶의 기회와 질이 모두 가족에게 달려 있다면 개인의 삶은 쉽게 불안정해집니다. 주 부양자, 즉 주로 생활비를 벌어 오는 사람이 대규모 정리 해고로 일자리를 잃는다면, 또는 주 양육자, 즉 주로 돌보는 사람이 아프다면 어떤 일이 일어날까요. 전통 사회와 달리 핵가족화가 심화된 지금은 가족이 이 모든 무게를 감당하기 어렵습니다. 가족이 사회 안전망으로서 기능한다는 것은 가족에게 너무 많은 짐이 지워져 있다는 뜻이기도 합니다. 코로나19 기간을 돌아보면 많은 양육자, 특히 여성들이 양육 부담으로 인해 우울과 스트레스에 시달리기도 했습니다. 사회의 지원 시스템이 약화된 상태에서 자녀의 신체적, 정서적 건강과 성장을 전적으로 책임져야 했기 때문이죠. 아픈 가족을 돌보는 청년들 역시 큰 어려움을 겪었습니다. 특히 만성 질환자나 노인 가족을 돌보는 청년들은 사회적 고립감과 경제적 부담, 미래에 대한 불안까지 혼자 감당해야 했습니다.

일상에서도 가족은 상당한 무게를 버티고 있습니다. 코로나19 이후 2023년 사교육비는 사상 최고 수준으로 집계되었는데요. 이는 개별 가족이 자녀 교육을 위해 상당한 부담을 감당하고 있다는 것을 보여 줍니다. 청소년들은 이러한 교육비에 대해 죄책감과 부채감을 느낍니다. 저와 함께 10대의 삶을 연구했던 청소년들은 자신에게 투입되는 비용을 계산하면서 그것을 어떻게 갚을 수 있을지 자주 난감해했습니다. 이 부채감은 부모에게 도리를 다해야 한다는 전형적인 '효'의 개념이라기보다는 빌려 준 사람과 갚지 못하는 사람 사이의 감정에 가깝습니다. 문화 연구자 천주희는 학자금 대출을 받은 사람들에 대한 연구에서 상환 불가능성과 빚에 대한 계산이 청년들의 사회적 관계와 일상을 어떻게 만드는지를 이야기했습니다. 청년들은 가족과 친구 관계 안에서 주고받는 것들에 대해서도 갚지 못할 가능성을 계산하며 위축되고 고립되는 모습을 보였습니다. 제가 대학에서 만난 학생들 역시 채무자로서, 즉 돈을 빌린 사람으로서 처하는 위치와 느끼는 감정에 굉장히 공감했습니다. 이 책을 읽고 있는 여러분도 그런 감정을 느낄 때가 있는지 궁금합니다. 초조하고 무거운 마음 말입니다.

부모도 부채감에서 자유롭지 않습니다. 안전망을 제공하는 것이 사회가 아니라 가족의 책임이 될 때 양육자는 '부모 노릇'을 제대로 못한다며 비난받기 쉽습니다. '정상적인 부모'가 해야 할 일의 목록은 끝도 없이 깁니다. 여기에는 일어나는 시간, 입는 옷, 끼니를 챙기는 방법, 버는 돈, 사는 집, 모는 차까지 포함되지요. 어린이와 청소년의 좋은 삶이 전적으로 양육자에게 달려 있다고 믿기 때문입니다. 그 과정에서 청소년은 '등골 브레이커'라고 불리기도 합니다. 흥미로우면서도 씁쓸한 일입니다. 앞서 말한 사교육비는 개별 가족이 버텨야 하는 무게뿐만 아니라 사회 불평등의 현실을 보여 줍니다. 어린이와 청소년의 성장할 기회가 개인에게, 가족에게 전적으로 맡겨질 때 불평등은 이들의 삶에 더욱 심각하고 직접적인 영향을 미칩니다. 우리 모두에게 가족을 넘어선 새로운 상상력이 필요합니다.

최근 한국 사회에서는 가족의 유형과 구성이 크게 변화하고 있습니다. 현재 한국에서 가장 많은 가구 유형은 1인 가구입니다. 통계청에 따르면 2023년 1인 가구는 전체 가구 유형의 35.5퍼센트로 2000년의 15.5퍼센트에 비해 크게 늘었고, 3인 가구와 4인 가구는 그 비율이 대폭 줄어들었습니다. 가구 유형이 가족의 구성과 의미를 전부 결정한다고 볼 수는 없지만, 이와 같은 변화는 확실히 주목할 만합니다. 기존의 가족 밖에서도 존엄하게 사는 삶에 대한 상상력이 필요해졌다는 뜻이니까요.

2021년 한국여성정책연구원이 돌봄 분야 우선 정책 과제에 대해 실시한 국민 의식 조사에 따르면, 필수적 돌봄 서비스의 유지와 안정성 강화가 31.6퍼센트, 공적 돌봄 시설 확충이 30.5퍼센트, 가족을 돌보는 사람에 대한 정서적·경제적 지원 강화가 29.0퍼센트로 주요하게 나타났습니다. 이와 관련하여 '돌봄의 사회화'가 우리 사회에서 중요한 대안으로 등장하고 있습니다. 저출생 고령화 사회에서 돌봄은 더 이상 개인과 가족의 책임이 아니라, 국가와 사회가 개입해야 할 핵심적인 공공성의 문제로 이해해야 한다는 것입니다. 아프고 힘들 땐 역시 가족이라는 말을 이제는 사회의 관점에서 새롭게 생각해 볼 필요가 있습니다.

가족주의

가족주의란 사회의 제도와 정책, 생활과 습속을 포함한 문화의 중심에 가족이 있다고 보며, 다른 어떤 공동체보다 가족을 우선시하는 입장입니다. 학교에 다닐 때도, 회사에 소속되어 있을 때도, 아플 때도, 세금을 낼 때도 기본 단위를 가족으로 봅니다. 예를 들면 학교에는 학부모회가 있고, 학부모 참관일이 있지요. 기업에서는 복지 제도의 일환으로 가족 수당을 지급하거나 직원 자녀의 장학금을 지원하기도 합니다. 병원에서 '보호자'는 주로 가족을 의미하지요. 누가 공적 사회 복지 제도의 대상자가 되는지를 결정할 때도 그 사람을 부양할 수 있는 가족이 있는지를 기준으로 삼기도 합니다. 가족이 소득, 양육, 교육, 부양, 의료, 돌봄의 기본 단위로 작동하고 있다는 뜻입니다. 가족이 사회 제도를 대신하여 개인의 삶 전반을 지원하고 돌보는 한국 사회에서는 가족주의가 더욱 강력하게 작동합니다.

한국에서는 여전히 가족주의가 핵심 가치관으로 작동하지만, 그 문제점 역시 다각도에서 제기되고 있습니다. 무엇보다 가족을 기본 단위로 삼으면 가족에 속하지 않는 사람, 속하지 못하는 사람을 배제할 수 있습니다. 가족 밖의 타인이나 다른 공동체를 배척하거나, 더 심각하게는 적대시할 위험이 있지요. 문제는 가족 안에도 있습니다. 개인보다 가족을 우선시하다 보니 다양성이나 개별성을 충분히 인정하지 않고 가족 구성원으로서 적합한 정체성을 요구하기도 합니다. 예를 들어 어머니들은 종종 고유한 특성을 가진 여성 개인으로 여겨지기보다는 '어머니'라는 역할에 어울리는 외모, 말투, 태도, 취향 등을 갖추기를 요구받지요.

또 가족 안에서 누가 대표가 되는가, 누가 돌봄을 담당하는가 등 역할 구성의 문제도 있습니다. 가족을 대표하는 사람은 주로 누구인가요? 여러분인가요? 여러분의 막냇동생인가요? 보통은 나이가 가장 많은 남성이 그 역할을 합니다. 이러한 경향은 사회에서 누가 우리를 대표할 것인가를 판단하는 데 역시 영향을 미칠 수 있습니다. 나이가 어린 사람, 남자가 아닌 사람은 대표 자격을 의심받곤 하지요. 이는 가족 안에서 아프고 힘든 사람을 돌보는 이는 누구라고 생각하는지와도 연결됩니다. 보육 교사, 간호사, 요양 보호사, 조리사 등 타인을 돌보는 역할은 주로 어떤 성별이 하고 있나요. 돌봄은 사회 참여와 마찬가지로 시민의 의무입니다. 지금까지는 주로 여성이 그 역할을 해 왔지만요. 따라서 가족주의를 고수한다면 성별에 따라 역할이 결정되어 있다는 기존의 시각을 지속시키고, 돌봄의 책임을 가족 중의 특정한 사람에게 전가하는 결과를 낳을 수 있습니다.

다만 한 가지 분명히 해 두고 싶은 이야기가 있습니다. 가족주의를 비판적으로 성찰하는 것이 가족 제도 자체를 전면적으로 부정한다는 의미는 아닙니다. 가족이 필요 없다는 뜻도 아닙니다. 그보다는 가족을 우리 사회의 제도와 문화의 기본 단위로 삼는 것의 문제점을 검토해 보사는 뜻입니다. 가족 또한 본질적으로 결정되어 있는 것이 아니라 사회나 시대, 지역에 따라 그 의미와 역할이 구성되는 사회 문화적 산물이기 때문입니다. 무엇이든 당연하게 생각하기보다는 낯설게 보는 연습이 필요합니다.

8. 가난과 함께

계급

'보통'이라고 생각하는 삶을 떠올려 봅시다. 친구들과 돈가스를 사 먹고, 달달한 스무디를 마시고, 가끔 무한 리필 고깃집에 가는 건 즐거운 일상이지요. 학원에 가고, 인터넷 강의를 수강하고, 학습지를 사는 건 필수라고 여겨지고요. 애플뮤직을 구독하고, 게임 아이템을 사고, 아이돌 굿즈를 구하는 건 삶의 활력소가 되지요. 이 모든 과정에는 돈이 듭니다. '평범한 삶'이라는 개념에는 일정 수준의 경제력이 포함되어 있습니다. 그렇게 자연스럽게 선이 그어지고, 누군가는 밀려납니다.

청소년들과 함께 프로젝트를 운영할 때 이 문제는 큰

2부 사회와 문화, 나는 어디에 서 있을까?

고민이었습니다. 프로그램 참여비는 무료이고 활동할 때 필요한 물품도 제공하지만, 그걸로는 충분하지 않았습니다. 돈은 먹고사는 일을 넘어서 사회적 관계를, 공통 화제를, 공통의 경험을 의미했습니다. 토요일마다 만나면 청소년들은 친해집니다. 친해지면 함께 시간을 보내고 싶습니다. 코인 노래방에 가고, '방 탈출'을 하고, 마라탕을 먹자고 계획합니다. 하지만 "마라탕 먹으러 갈 사람!"이라고 제안하는 경쾌한 목소리에 누구나 반갑게 화답할 수 있는 건 아닙니다. 함께 웃고 떠드는 한 사람의 구성원으로 보이고 들리고 인정받는 과정에 경제적 자원은 결정적으로 영향을 미칩니다.

하지만 경제적 어려움은 이야깃거리로 잘 등장하지 않습니다. 식사를 거르고, 병원에 못 가고, '인생 네 컷' 사진을 찍을 여윳돈이 없다는 것은 함께 나눌 수 있는 고민으로 여겨지지 않습니다. 돈과 관련된 이야기는 너무 개인적인 부분이라서 그런 걸까요. 하지만 우리가 '돈'과 관련된 이야기를 늘 피하는 건 아닙니다. 여름방학에 다녀온 해외여행, 한참을 기다려서 받은 최신형 스마트폰, 어렵게 손에 넣은 한정판 굿즈 등은 즐거운 화제가 되지요. 교실 안에서 서열을 결정짓는 요소 중 하나로 경제적 자원은 자주 등장합니다. 값비싼 운동화와 재킷, 브랜드 가방 등은 나의 위치를 결정하는 데 영향을 미치는 중요한 요소입니다. 때로는 자랑스러워하기까지 하는 화제이지요. 돈을 투자하는 일에는 10대들도 관심이 많습니다. 부모님이 권해서 주식 투자를 시작하고, 더 많은 수익을 얻기 위해 코인 투자를 하기도 합니다. 이렇듯 돈은 흥미진진한 화제입니다. 그렇지만 우리는 어떤 돈에 대해서는 이야기하지 않습니다.

"왜 우리는 학자금 대출에 관해 이야기하지 않을까?"

대학 강의실에서 나눈 질문입니다. 학자금 대출은 대학에 다니기 위해 학생들이 받는 학비 또는 생활비 명목의 대출입니다. 2024년을 기준으로 학자금 대출을 받은 사람은 20만 명에 이르지만, 그에 관해 이야기하는 사람은 거의 없습니다. 어학연수나 해외 인턴 경험, 신형 태블릿 PC는 즐거이 꺼내는 주제이지만, 가난은 이야기되지 않습니다. 뉴스에서는 집을 사기 위한 대출 제도나 외식 물가, 휴가철 여행비, 은퇴 자금 마련에 관한 이야기가 나옵니다. 하지만 필수 생활비가 치솟는 가운데 불안정한 생계를 이어 가는 사람들에 대해서는 거의 말하지 않지요. 왜 그럴까요.

학생들은 경제적 어려움을 겪는 사람에게 붙은 사회문화적 의미들을 이야기했습니다. 그 의미들은 가난한 사람은 결코 '우리'가 될 수 없는 '타자'라고 말합니다. 빈곤은 사회 구조적 문제이지만, 한국 사회에서 가난하다는 것은 다분히 사적인 문제로 여겨집니다. 돈이 없다는 것은 경제적으로 풍족하지 않다는 것만을 의미하지 않습니다. 각종 숏폼에서 흥미진진하게 소개되는 '가난한 사람 특'은 이들이 얼마나 가치 없는 존재인지 설명합니다. 충분히 노력하지 않고, 불성실하고, 비관적이고, 협력하지 않고, 사회에 적응하지 못하는 사람들. 더 나아가서는 돈을 벌 만큼 능력이 없는, 즉 쓸모가 없는 사람들이라는 평가가 가난에 붙은 낙인을 당연하게 만듭니다. 비정규직이 계속 만들어지는 노동 시장의 문제도, 장애인이 아닌 사람을 중심으로 만들어진 일자리도, 여성에 대한 고용 차별도 가려지고 가난한 사람 개인의 특성만 부각됩니다.

문화인류학 연구는 때로 이런 시선을 뒷받침하는 데 이용되기도 합니다. 인류학자 오스카 루이스는 멕시코시티에 거주하는 한 가족을 4년간 연구한 결과를 바탕으로 그들이 '빈곤 문화'를 가지고 있다고 주장합니다. '빈곤 문화'란 자본주의 사회에서 밀려난 가난한 사람들이 그 삶에 적응하며 형성한 고유한 생활 양식을 말합니다. 그의 연구에 따르면, 계속되는 가난은 단순히 물질적 결핍뿐만 아니라 이들이 공유하는 삶의 방식과 연결되어 있습니다. 가난한 사람들은 이 '빈곤 문화' 속에서 더 큰 사회에 통합되지 못한 채 미래에 대한 희망 없이 현재에 머무르며 살아갑니다. 사회 기관과 타인에 대해서는 불신하는 태도와 적대감, 냉소를 보이고요. 대표적인 성향은 운명론, 무기력함, 의존성 등입니다. 이와 같은 문화가 세대를 거치며 누적된 결과 빈곤이 지속되고, 가난한 이들은 가족이나 복지 제도에 의존한 채 살아가는 것에 익숙해진다고 그는 말합니다. 1960년대에 발표한 연구이지만, 꽤 익숙한 이야기지요? 이 연구는 미국에서 발표되어 큰 반향을 일으켰고, 이후 빈곤 정책과 사회적 담론에 많은 영향을 미쳤습니다. 특히 가난을 사회의 실패가 아니라 특정 집단의 문제로 보게 하여 복지 제도를 재구성하는 데 큰 영향을 미쳤다고 합니다.

흥미로운 것은 이때 '문화'가 사용되는 방식입니다. '가난한 사람들의 문화'라는 개념은 이들의 고유한 특징에 대해 말해 줄 것 같습니다. 청소년 문화가 때로 가능성을, 한국인의 문화가 때로 우수함을 표현하는 것처럼 말입니다. 때로 문화는 잠재력이자 자원입니다. 그러나 여기에서 문화는 어떻게 사용되고 있나요? 가난한 사람들의 존엄함을, '평범함'을 충분히 말해 주고 있나요? 그들이 나와 비슷해 보이나요? 그렇지 않지요. '빈곤 문화'라는 말에서 문화는 해결해야 하는 문제이자 결핍을 의미합니다. 우리는 종종 문화가 이와 같은 방식으로 사용되는 현상을 목격합니다. 이민자의 문화를 이야기할 때, 흑인의 문화를 이야기할 때, 가난한 사람들의 문화를 이야기할 때 문화는 '문제적인 인간'에 대한 이야기가 됩니다. 나와 조금도 비슷하지 않은 '그들'이 되지요.

가난한 사람들의 대표적인 문제로 '의존성'을 꼽습니다. 현대 자본주의 사회는 '경제적으로 자립한 독립적 주체'를 이상적인 인간상으로 삼고 있습니다. 따라서 의존적이라는 것은 사회의 온전한 구성원으로서 기본적인 자격을 가지지 못했다는 의미가 되지요. '무임승차', '기생'과 같은 가혹한 비난과 쉽게 연결됩니다. 하지만 인간에게 의존은 필수이고 필연적인 특성입니다. 인류학자 조문영은 '기생'이라는 낙인의 이중성을 지적합니다. 경제 위기 상황에서 기업들은 종종 천문학적인 규모의 공적 자금을 지원받지만, 이를 '기생'이라고 보는 경우는 드뭅니다. '국민 혈세에 무임승차한다'고 비난하는 목소리도 흔하지 않습니다. 오히려 위기를 잘 넘겼다고 박수를 받지요. 반면 아파서, 일자리를 잃어서, 혹은 사회 구조적인 문제로 인해 복지 제도를 이용하는 개인들에 대해서는 '자립 의지 부족'과 '습관적 의존'

이라는 평가가 쉽게 내려집니다. 과연 제도의 혜택을 받을 만한 자격이 있는지 검증하고자 하지요. 선택적으로 적용되는 '기생'이라는 프레임은 가난한 이들에 대한 차별적인 시선을 잘 보여 줍니다. 의존성에 대한 비난은 빈곤을 경제적 상황뿐 아니라 도덕의 문제로 만듭니다. 모든 것은 그저 도움이 필요한 딱한 개인이나 문제가 많은 가족의 이야기로만 남게 됩니다.

'문제'가 있는 가족은 가난한 청소년에 관해 이야기할 때 빈번하게 등장합니다. 성장기의 상당 기간을 기초 생활 보장 수급자로 보낸 작가 안온은 『일인칭 가난』에서 빈곤이 개인과 가족의 문제이기보다는 사회의 문제라는 점을 지적합니다. 그는 "불행한 가족과 가난을 세트 취급하는 클리셰가 지겹다. 내 가난은 가족이 아니라 교통사고, 알코올 중독, 여성의 경력 단절과 저임금, 젠더 폭력 및 가정 폭력과 세트였다"라고 말합니다. 안온 작가의 지적처럼, 가난은 단순히 가족 구성원의 능력이나 노력 부족 혹은 불화만으로 설명될 수 없습니다. 가족이 유일한 사회 보장 제도로 작동하는 한국 사회에서 예기치 못한 사고나 질병은 개인을 순식간에 경제적 위기로 이끌 수 있습니다. 또한 알코올 중독은 사회적 지원 시스템의 부재를, 여성의 경력 단절과 저임금은 성

차별적인 노동 시장 구조의 문제를 보여 줍니다. 젠더 폭력과 가정 폭력은 피해자를 경제적으로 더욱 취약하게 만드는 구조적 폭력이고요. 가족의 불화나 불운에만 집중하면 이와 같은 사회와 문화의 문제는 보이지 않게 됩니다. 나와는 관계없는 그들의 문제가 되지요.

가난에 대한 이야기를 그나마 꺼낼 수 있을 때는 그것이 이미 극복된 과거의 문제일 때입니다. 지나간 일이 되었을 때, 빈곤했던 과거와 상황이 달라졌을 때 화제가 되지요. 목소리를 낼 수 있는 사람은 능력과 노력이 검증된 이들입니다. 어려운 환경에도 불구하고 1등을 하고, '좋은' 대학에 간 사람들이 그 예라고 볼 수 있습니다. 하지만 영국에서는 이주 배경 학생 혹은 어려운 경제적 환경에 있는 학생이 소위 명문대에 진학하더라도 학업을 중도에 포기하는 현상이 일어난다고 합니다. 그들은 엘리트 학생들 사이에서 자신이 마치 "물 밖에 나온 물고기" 같다고 표현했습니다. 물 밖에 나온 물고기가 된다는 건 어떤 느낌일까요? 이 표현은 문화를 통한 '자연스러운 배제'가 어떻게 이루어지는지 잘 보여 줍니다. 자연스러운 배제란 눈에 보이는 차별이나 의도적인 괴롭힘이 아니더라도 중산층을 기준으로 삼은 공간 자체가 개인을 밀어내는 현상을 의미합니다.

미국에서도 공립 학교 출신 1등 졸업생들이 대학에 진학했을 때 소속감을 느끼지 못하고 고립되는 현상이 나타납니다. 흔히 대학은 계층 이동의 사다리이자, 누구에게나 열린 기회의 공간으로 여겨지곤 합니다. 능력만 있다면 배경에 상관없이 원하는 교육을 받고 꿈을 펼칠 수 있다는 믿음, 어쩌면 우리 사회가 대학에 부여하는 가장 큰 기대감일지도 모릅니다. 하지만 대학은 중산층 중심 문화가 지배적인 공간입니다. 단순히 등록금과 생활비만의 문제는 아닙니다. 발표나 토론 수업에서 의견을 개진하는 방식, 교수나 선배들과 자연스럽게 관계를 맺고 정보를 얻는 기술, 심지어 함께 어울리는 친구들의 문화적 배경까지도 중산층에게 익숙하고 편안한 환경입니다. 이런 문화는 왜 학생들이 경제적 어려움에 관해 이야기하기 어려운지를 잘 보여 줍니다.

이 문제는 오직 '그들'의 문제로만 남을까요? 중산층의 핵심 감정은 '불안'이라는 해석이 있습니다. 가난이 감춰야 하는 이야기가 될 때 사람들은 어떻게 행동하게 될까요? 조금이라도 더 부유해 보이기 위해 전전긍긍하는 사람들을 쉽게 발견할 수 있습니다. '가난해 보이면 무시당한다'는 불안과 초조함은 널리 퍼져 있지요. 쇼핑몰에 갈 때도, 레스토랑에 갈 때도 내가 구매력이 있다는 걸 보여 주고자 합니다. 집과 차로 나를 판단할 거라며 두려워하지요. 성적표와 통장 잔고 앞에서 탈락의 공포를 느낍니다. 한번 실패하면 다시 일어나기 어렵다는 압박감이 일상을 몇 년이고 따라다닙니다. 누구도 낙오의 위협에서 자유롭지 못하다는 뜻입니다.

우리가 무엇을 공유하고 있는지 찬찬히 살펴보는 시간이 필요합니다. 그것이 설사 불안이나 혼란이라 할지라도 타인을 나와 비슷한 얼굴을 한 사람으로 바라볼 때 멈추었던 질문을 다시 시작할 수 있습니다. 제가 품었던 질문은 '어떻게 하면 다 같이 마라탕을 먹으러 갈 수 있을까?'였습니다. 이 문제는 공유 자금을 만드는 것으로 일단 해결했습니다. 청소년들이 다 함께 외부 강연 자리에서 발표할 기회가 있었고, 거기에서 얻은 돈을 함께 놀고 싶을 때마다 사용하기로 했죠. 하지만 늘 이런 기회가 있는 건 아닙니다. 우리에게는 지속해서 함께 쓸 수 있는 자원이 필요했습니다. 생존에 필요한 비용뿐 아니라 함께 맛있는 걸 사 먹고, 친구를 사귈 기회를 주는 돈 말입니다. 이런 돈은 어떻게 만들 수 있을까요?

한국을 비롯해 세계의 여러 나라에서는 기본 소득이라는 실험을 하고 있습니다. 누구에게나 조건 없이 일정 금액을 지급하는 제도입니다. 일을 하건 안 하건, 어떤 경제적 상태에 있건 모두 함께 받는 돈이죠. 한 초등학교에서는 간식 비용으로 기본 소득을 지급하는 활동을 하기도 했는데요. 여러분이 이 학교의 초등학생이었다면 어떤 감정을 느꼈을까요? 일단, 매점에 가는 부담은 줄어들었을 겁니다. 불안 또는 초조함과는 좀 다른 마음일 수도 있겠어요. 어쩌면 친구들과 웃을 일이 조금 더 많아지지 않았을까요?

계급

사람들은 저마다 다른 조건에서 살아갑니다. 어떤 사람들은 풍족한 환경에서 많은 기회를 누리지만, 어떤 사람들은 기본적인 생활을 유지하는 데에도 어려움을 겪습니다. 이 중 비슷한 위치에 있는 사람들을 묶어서 '계급'이라고 부릅니다. '계급' 또는 '사회 계층'이라는 개념은 사회 구성원들 간의 이런 차이, 특히 자원과 기회의 불평등한 분포를 설명하는 데 사용합니다. 과거에는 신분제처럼 태어날 때부터 계급이 정해지는 경우가 많았지만, 현대 사회에서 계급은 주로 경제적인 요소와 밀접한 관련을 맺고 있습니다.

계급은 개인의 삶의 모습과 기회를 구성하는 중요한 사회적 틀입니다. 어떤 계급에 속하는지에 따라 건강하게 살아갈 가능성, 원하는 교육을 받을 기회, 안정적인 직업을 가질 확률, 심지어는 사회적 발언권의 크기까지 달라질 수 있습니다. 따라서 계급이라는 개념을 이해하는 것은 우리 사회가 어떻게 구성되어 있고, 불평등이 어떻게 발생하고 유지되는지를 파악하는 데 도움이 됩니다.

하지만 계급을 나누는 기준이 단지 '돈'의 많고 적음만은 아닙니다. 소득 수준이나 재산은 계급을 구분하는 중요한 기준이지만, 그 외에도 다양한 요소들이 복합적으로 작용합니다. 예를 들어 어떤 종류의 교육을 받았는지, 어떤 직업을 가졌는지, 어떤 사람들과 관계를 맺고 있는지, 그리고 어떤 문화생활을 누리거나 어떤 취향을 가졌는지 등도 계급을 이해하는 데 중요한 부분이 될 수 있습니다. 즉 계급은 단순히 통장 잔고의 문제가 아니라, 개인이 사회 속에서 어떤 위치를 차지하고 어떤 자원들을 활용할 수 있는지를 종합적으로 보여 줍니다.

문화인류학은 이러한 문화적 실천들이 어떻게 특정 계급을 다른 계급과 구별 짓고, 나아가 이러한 구별이 마치 개인의 능력이나 노력의 차이인 것처럼 받아들여지게 하는지 탐구하는데요. 이러한 계급 구조가 고정불변의 것은 아닙니다. 계급은 역사적·사회적 맥락 속에서 끊임없이 변화하고 재구성됩니다. 노동자 계급 남학생들의 '반反문화'를 연구한 폴 윌리스는 이 계급의 학생들이 단순히 학교에서 소외되거나 억압당하는 무력한 존재는 아니라고 말합니다. 오히려 학교가 제시하는 중산층적 가치와 성공의 경로를 적극적으로 거부하고, 그들 나름의 독자적인 '반反학교 문화'를 창조한다고 보았습니다. 이 남학생들은 '잘사는 사람'으로 보이고 싶어 하지 않습니다. "그들은 제가 지나갈 때면 '야, 저놈은 인문계 학교에 다니는구나' 하죠. 사실 전 그렇게 불리고 싶은 적이 한 번도 없었어요. 정말 그건 불쾌한 거니까요. 그래서 전 애당초 잘사는 사람들의 말투를 전혀 안 배웠지요"라고 말합니다. 이 말은 기존의 계급 규범을 새롭게 해석할 수 있는 가능성을 보여 줍니다. 짐작과 달리 이들은 노동자 계급의 정체성을 중요하게 여기며, 비슷한 위치에 있는 친구들을 의미 있는 존재로 이해하고 있었습니다. 어쩌면 계급은 고정된 틀이 아니라, 사람들의 경험과 실천을 통해 끊임없이 다시 쓰이고 있는 이야기라고도 볼 수 있습니다.

9. 간식 챙기는 시민

오늘 간식은 무엇이었나요? 청소년 연구자들의 모임을 운영할 때 중요한 것 중 하나는 간식이었습니다. 달콤한 기분 전환이 필요해서만은 아니었습니다.

"오늘 첫 끼예요."

토요일 오후 2시, 청소년이 간식을 집어 들며 하는 말입니다. 4시에 시작하는 날에도 마찬가지였습니다. 오후 4시까지 아무것도 먹지 않은 날이 많았습니다. 이들이 야행성이라고는 해도 줄곧 공복으로 있기엔 제법 늦은 시간이죠. 학교에 가는 날에는 급식을 먹지만, 주말에는 이렇게 연구 모임의 간식이 첫 끼가 되곤 했습니다. 때로 첫 끼를 사서 들고 오는 청소년도 있었는데, 주 메뉴는 편의점 햄버거와 캔에 든 밀크티였습니다.

편의점은 청소년 식생활의 중요한 부분을 차지합니다. 학교와 학원 사이에 편의점이 있죠. 2019년 질병관리본부의 '청소년 건강 행태 조사'를 바탕으로 한 연구에 따르면, 약 30퍼센트의 청소년이 주 3회 이상 편의점에서 끼니를 때운다고 합니다. 이 조사 결과는 꽤 주목을 받았습니다. 적지 않은 수의 청소년이 집이 아닌 편의점에서 식사를 하는 것은 꽤 낯선 현상이거든요. 이는 청소년 식생활 패턴의 변화만을 뜻하지 않습니다. 가족 구조와 고용 형태, 가사 노동 등 일상을 둘러싼 사회와 문화가 달라지고 있다는 사실을 보여 줍니다. 오늘의 청소년은 사회 변동 및 가족 구조의 변화로 돌봄 공백, 즉 보살핌의 빈자리를 경험하고 있습니다.

'청소년 건강 행태 조사'에 근거한 다른 연구에 따르면, 2022년 고등학생의 아침 결식률은 약 40퍼센트로 10년 전에 비하여 두 배가량 높아졌습니다. 또, 혼자 있는 시간이 길어졌습니다. 코로나19 이후 평일 내내 집에 혼자 있는 중학생 연령의 청소년은 전체의 20퍼센트 이상이었습니다. 이러한 통계는 청소년들이 필수적인 돌봄과 지원으로부터 멀어지고 있음을 보여 줍니다. 청소년에게 각별한 보호가 필요하다는 뜻은 아닙니다. 마땅히 받아야 할 기본적인 돌봄과 사회적 지지가 이루어지지 않는 문제를 들여다볼 필요가 있다는 뜻입니다.

청소년의 사회경제적 권리가 충분히 보장되지 않는 우리 사회에서 돌봄을 받지 못하는 청소년이 존엄한 삶을 살기란 쉽지 않습니다. 여성학자 민가영은 10대 여성이 사회의 중요한 관계들로부터 돌봄을 거의 받지 못하면서 겪는 어려움에 주목합니다. 결석을 해도, 가출을 해도 이들을 찾는 어른은 없습니다. 이를 교사나 부모 개인의 문제로만 볼 수는 없습니다. 누군가가 무심하거나 무책임하기 때문만은 아닙니다. 여기에는 사회적 관계망이 급속히 축소되고, 오로지 개인이 모든 것을 감당하게 된 사회적 맥락이 중요하게 작동합니다. 사람을 돌보거나 끼니를 챙기는 것보다는 시장 가치가 있는 일을 하는 것이 중요한 사회라는 점 역시 큰 영향을 미칩니다. 우리 사회의 기본 인간형은 돌보는 인간이 아니라 돈 버는 인간이니까요. 하지만 불안한 경제 상황은 열심히 일을 해도 일상을 유지하기 어렵게 합니다. 이런 상황에서 가족 구성원들이 각자의 몫을 가지고 흩어지는 것은 살아남는 하나의 방법이기도 합니다. 마을도, 가족도 흩어져 가는 사회에서 종종 청소년들은 혼자 자신을 챙겨야 합니다.

　무한한 정보에 접근할 수 있는 시대에 돌봄은 더욱 중요해지고 있습니다. 이제 지식과 기술은 어디에서든 배울 수 있습니다. 생성형 AI를 통해 영어도 공부할 수 있고, 코딩도 배울 수 있죠. 하지만 AI는 달걀말이를 만들 수 없습니다. 해열제가 든 서랍을 열 수도 없죠. 기술은 발전하고 GDP, 즉 국내 총생산은 상승했지만 돌봄받을 기회는 오히려 줄어들었다고 여러 연구들은 말하고 있습니다. 흥미롭게도 4차 산업혁명 시대에 접어들면서 지식 노동에 대한 요구는 감소하고, 돌봄 노동에 대한 필요가 증가하고 있습니다. AI와 노동 시장 변화에 대한 연구에 따르면 AI에 의하여 내체될 가능성이 높은 직업은 회계사, 빅데이터 분석가, 경제학자 등 지적 능력에 기초한 일이라고 합니다. 그동안 지식 정보 사회에서 중시된 인재는 고학력의 분석적인 작업을 할 수 있는 사람이었는데요. 이제는 그 집단이 가장 대체될 가능성이 높다는 겁니다. 반면 보육 교사, 간병인, 조리사 등 돌보는 역할을 하는 사람은 대체될 가능성이 적고 생성형 AI와 활발하게 협력할 수 있습니다. 어쩌면 이제 가치 있는 것은 지식이 아니라 간식일 수 있다는 뜻입니다.

　친밀감과 돌봄이 핵심적인 가치라는 것은 청소년들의

연구에서도 확인할 수 있었습니다. 왜 계속 학원에 다니는지를 연구하던 청소년들은 흥미로운 사실을 발견했습니다. 학원에 다니는 이유는 선행 학습이나 성적 때문만이 아니라 간식과 대화 때문이었습니다. 친구들하고 학원 끝나고 간식을 먹는 재미가 제법 쏠쏠하다고요. 학교 친구들과는 방과 후에 만나거나 시간을 보내는 일이 드물지만, 학원에 함께 다니는 친구들과는 그게 가능했다고 합니다. 어른과의 대화 역시 주로 학원에서 가능했습니다. 학교 선생님과 이런저런 이야기를 나누는 일은 드물게 일어나지만, 학원 선생님과는 잡담도 할 수 있었다고요. 학원이 하루 중 유일하게 어른들과 가깝게 대화할 수 있고, 친구들과 간식을 먹으며 친밀감을 쌓을 수 있는 곳이라고 청소년들은 말했습니다. 서로 돌보던 동네 관계망이 사라지고, 확대 가족이 축소되면서 학원이 그 역할의 일부를 담당한다고 볼 수도 있습니다.

학원이 그런 공간이라는 점이 다행이기는 하지만, 경제 수준이 비슷하고 사는 곳이 가까운 동질적인 사람들이 주로 모인다는 것을 감안하면 걱정스러운 면도 있습니다. 누군가는 그 안에 들어갈 수 없다는 뜻이니까요. 관련 연구에서는 사회경제적 배경이 어린이의 과일 채소 섭취량과 끼니를 거르는 문제에 결정적인 영향을 미친다고 말합니다. 경제적인 혜택을 누리지 못하는 청소년들에게 간식은 늘 고민거리입니다. 친구들이 간식을 사 먹으러 가자고 할 때마다 거절의 말을 생각해 내는 게 고역이라고 청소년들은 말합니다. 마라탕도 스무디도 제법 비싸니까요. 경제적으로 불평등하다는 것은 단순히 배를 곯는 사람이 있다는 것만을 뜻하지 않습니다. 간식을 함께 먹지 못하면 사회적 교류에서 자연스럽게 배제되고, 그 안에서 공유하는 정보와 자원, 친밀감에서 소외되기 쉽습니다. 간식은 밥과 달리 부가적 요소로 여겨지는 만큼 돌봄이 차별적으로 주어지는 문제를 더 선명히 드러낼 수 있습니다.

그럼 간식은 누가 챙겨야 할까요? 누구나 돌봄을 받아야 한다는 것은 누구나 돌봄을 실천해야 한다는 뜻이기도 합니다. 여성학자 조안 트론토는 돌봄 민주주의를 주장하며, 시민으로서 평등하게 돌봄의 의무를 수행했을 때 민주주의의 실현이 가능하다고 말합니다. 돌봄은 낭만적이고 따뜻한 행위라기보다는 정치적인 행위라는 거지요. 기존의 시민은 정치에 참여하고, 사회적으로 활약하면서도 자신이 의존했을 것이 분명한 돌봄 노동에 대해서는 침묵해 왔습니다. 한 사람을 키우고, 아플 때 돌보고, 식사를 준비하고, 식탁을 닦고, 간식을 챙기는 일 말입니다. 그동안 이 일을 가정 내에서 여성이 담당해 온 만큼, 돌봄에 대한 논의는 종종 '엄마가 문제'라는 식으로 흐를 위험이 있습니다.

"엄마들이 애들보다도 일찍 집 떠나 일하러 가야 하는데 누구보고 하라는 말이에요."

간식을 집에서 챙길 수 있지 않느냐는 말에 대한 청소년의 반문입니다. 한국 사회에서 여성은 임금 노동과 돌봄이라는 이중의 책임을 짊어지고 있습니다. 그러나 돌봄은 여성 개인이 해결할 수 없습니다. 누구나 돌봄을 받으며 인간적으로 살 권리가 있는 만큼 돌봄은 모든 사람과 관련된 문제입니다. 어릴 때만 받는 것도 아닙니다. "양말 어디 있어?", "나 밥 좀"이라고 말하는 사람이 어린이나 청소년만은 아니죠.

따라서 돌봄이 '엄마'의 일이 아니라 시민의 의무라고 생각하면 이 문제를 해결해 나갈 방향이 조금 더 명확해집니다. 돌봄을 여성 개인의 책임이 아닌 사회의 책임으로 재정의해야 한다는 뜻입니다. 그동안 돌봄의 의무에서 자유로웠던 사람들이 함께해야 합니다. 돌봄 노동의 가치를 인정하고, 공적 영역에서 충분한 지원 체계를 마련하며, 모든 구성원이 돌봄에 참여하는 문화를 만들어 갈 필요가 있습니다. 평등한 사회가 만들어지는 데에는 자원의 분배나 정치 참여만큼이나 돌봄이 중요한 영향을 끼치기 때문입니다. 이제 누군가를 돌보는 일은 시민의 기본적인 의무라는 관점이 필요합니다. 우리는 태어나서부터 죽을 때까지 매일 돌봄을 필요로 하며, 서로 돌봄으로 얽혀 있기 때문입니다.

돌봄

인간은 태어나서 죽을 때까지 다른 이의 보살핌이 필요합니다. 어린 아기일 때를 생각하면 다른 사람의 손길은 필수적이죠. 다른 포유류, 예를 들어 송아지나 망아지는 태어나한 시간 이내에 서서 걷습니다. 하지만 사람은 태어나서 걷기까지 1년 가까이 걸립니다. 연약하게 태어나 다른 이에게의존해야 하는 것은 인간의 기본적인 조건입니다. 아기는 먹을 때도, 소화할 때도, 배변 활동을 할 때도 누군가의 도움을 필요로 하지요. 혼자 일상을 꾸려 가기 쉽지 않은 노인도 마찬가지입니다. 그렇다고 영유아 시기나 노년기에만 돌봄이 필요한 건 아닙니다. 누구나 아플 때, 어려움에 부닥쳤을 때 돌봄의 손길에 의존하게 되지요. 사회에서 성공했다고 해서 의존적이지 않은 것도 아닙니다. 그 사람이 자는 침대에 놓인 깨끗한 이불, 잘 개켜져 있는 옷가지, 쾌적한 사무실은 누군가가 돌봄을 제공하고 있다는 뜻입니다.

학자들은 돌봄이 인간이 살아가는 조건이자, 인간 존재의 중심이라고도 말합니다. 돌봄은 다른 사람을 염려하고 보살피는 태도로서 도덕성의 표현이며 구체적인 노동이기도 합니다. 철학자 마르틴 하이데거는 돌봄, 즉 누군가를 걱정하고 다른 사람에게 관심을 가지는 태도가 인간 존재의 핵심으로서 인간을 인간답게 만든다고 말했습니다. 돌봄은 또한 매 순간의 구체적인 행동, 말하자면 눈을 맞추고, 이불을 덮어 주고, 휴지통을 비우는 행동이기도 합니다. 이처럼 돌봄은 도덕적인 가치이면서 구체적인 행위입니다.

돌봄에 대한 이해는 어떤 점에서 유의미할까요. 돌봄은 인간이 의존적이고 연약한 존재라는 점에 주목합니다. 기존의 관점에서는 의존적이고 연약하다는 특성이 그다지 가치 있게 여겨지지 않았습니다. 극복해야 할 문제였지요. 독립적이고 강인한 특성을 키우는 데 집중하기도 했습니다. 하지만 그 과정에서 손쉽게 우열을 나누고, 불평등을 당연하게 생각하게 되는 문제가 발생했습니다. 태어나서부터 줄곧 받아 온 돌봄을 마치 없었던 일처럼 가볍게 여기며, 누군가의 노동을 지워 버리는 문제도 있었죠. 더 심각하게는 다른 사람들과 더불어 사는 일이 쉽지 않게 되었습니다. 독립적이고 강인한 나, 즉 자기중심적 가치에 집중하게 되었기 때문입니다.

누구에게나 돌봄이 필요하다는 사실을 인정하면 우리가 서로 연결된 존재라는 점을 이해하게 됩니다. 타인의 도움을 받으며 함께 살고 있다는 것을 구체적으로 받아들이게 되지요. 인간을 서로 의지한 채 돌봄을 주고받는 상호 의존적인 관계로 이해하는 것은 더 평등한 사회를 상상하는 데 도움이 될 수 있습니다.

10. 대학 밖의
좋은 삶

비가시화

세상에는 분명히 존재하지만 잘 드러나지 않는 사람들이 있습니다. 초능력자나 유령에 대한 이야기는 아닙니다. 스무 살이 된 사람들 중에 대학에 가지 않은 사람에 대한 이야기입니다. 전체 스무 살 중 이들의 비율은 어느 정도일까요? 여러분은 어떻게 추측하고 있나요? 평소에 많이 들어 보지 못한 질문이죠. 명문대에 간 사람은 몇 명인지, 대학 진학률은 몇 퍼센트인지에 대해서는 자주 묻지만, 대학에 가지 않은 사람들에 대해서는 이야기를 나눌 기회가 많지 않습니다. 분명히 있는데, 학교에서는 거의 이야기하지 않지요. 마치 모든 사람이 대학에 가는 것처럼 말입니다.

교육 기본 통계에 따르면, 2023년을 기준으로 고등학교 3학년은 43만 명이고, 그중 대학에 간 사람의 비율은 73.6퍼센트입니다. 학생이 아닌 청소년도 4만 명가량 있으니 대학 진학자의 비율은 조금 달라질 수 있겠죠. 대략 스무 살 인구 열 명 가운데 세 명은 대학에 진학하지 않은 것으로 보입니다. 이 수치는 여러분의 생각보다 많은가요, 적은가요? 대학에 가지 않은 사람이 3분의 1에 달하니 그저 소수라고 볼 수는 없습니다. 그러나 이들은 잘 드러나지 않습니다. 청소년이 모두 학생으로 이해되는 것처럼, 한국의 평범한 20대 역시 대학생일 거라 짐작되곤 합니다. 대학은 한국 사회에서 통과의례, 즉 성장 과정에서 반드시 거쳐야 하는 단계 중 하나로 여겨집니다. 스무 살 언저리라면 누구나 그 일부라고 짐작하지요. 한국 사회에서 청년에 대해 이야기할 때 언급되지 않는 사람들은 누구인지 생각해 볼 필요가 있습니다.

10대 연구소에서 입시 문화를 연구한 나무필명 윤서는 「대학을 거부한 국회의원을 찾습니다」라는 신문 칼럼을 통해 누가 시민의 대표자가 되는지 묻습니다. 원내 정당의 국회의원 지역구 출마자 중 고등학교 졸업 학력만을 가진 사람은 거의 없다고 합니다. 출마자의 98~99퍼센트가 대학 졸업 이상의 학력을 가지고 있다고 해요. 하지만 인구 범위를 65세까지 넓혀 보면, 대학에 가지 않은 사람이 전체의 절반에 이릅니다. 그렇다면 국회의원들은 한국 사회의 절반에 해당하는 사람들의 목소리를 제대로 대변하고 있는 걸까요? 나무는 대졸 이상으로만 국회의원이 구성된 상황에서 정책을 통해 학력에 따른 차별과 배제의 문제가 충분히 다루어질 수 있을지 의문을 표합니다.

학력에 따른 차별과 배제는 다양한 형태로 나타납니다. 특히 대학에 진학하지 않은 청소년들은 '부적응', '불성실', '실패자'와 같은 부정적인 낙인에 직면하곤 합니다. 단지 칼국숫집에 아르바이트를 구하러 간 것뿐인데도 말이죠. 대학에 다니지 않는다는 것만으로도 설명할 게 많았다고 청소년들은 이야기합니다. 때로는 머리가 나쁘다거나 게으르다거나 사회생활을 못 할 거라는 시선을 받아야 했습니다. 대학 진학이라는 '표준'에 따르지 않는다고 결함이 있는 존재로 여겨진 것입니다.

문화인류학자 김현경은 대학이 '대우받을 자격이 있는' 사람인지를 판단하는 제도적 권위를 갖고 있다고 지적합니다. 대학을 졸업한 사람은 졸업하지 않은 사람보다 더 나은 인간으로 여겨집니다. 대학 진학 여부는 종종 개인의 성실성, 능력, 심지어 인격에 대한 판단으로 연결됩니다. 대학 가는 삶이라는 표준을 당연시한 나머지 대학에 가지 않은 삶을 마치 존재하지 않는 것처럼 취급하기도 합니다. 처음 만난 자리에서 아무렇지 않게 주고받는 학번이나 전공에 대한 질문은 대학 진학을 당연한 것으로 전제하고 있습니다. 세 명 가운데 한 명은 대학에 다니고 있지 않은데도 말입니다.

고용 기회, 사회적 관계, 정보 접근성 등 자원의 분배에서도 학력은 중요한 기준으로 작동합니다. 같은 일을 하더라도 대졸자와 고졸자의 임금이 다르게 책정되거나, 학위가 꼭 필요하지 않은 업무에서도 대학 졸업이 기본 자격처럼 요구되는 일이 많습니다. 예를 들어 프랜차이즈 영화관의 아르바이트조차 대학생 신분이 아니면 지원하기 어려운 경우도 있습니다. 이 업무에 반드시 대학생이라는 자격이 필요할까요? 제가 일했던 하자센터는 청소년들과 함께 새로운 사회적 가치와 대안적인 삶의 경로를 모색하는 공간이었는데요. 저는 당시 박사 학위를 가지고 있었지만 함께 일했던 동료 중에는 대학 비진학자도 있었습니다. 청소년과 소통하고, 프로그램을 기획하고, 관련하여 보고서를 작성하는 일에 꼭 대학 학위가 필요한 것은 아니기 때문입니다. 그보다는 청소년과 관련된 경험과 관심이 더 중요한 역량이겠지요.

실제로 학력이 일하는 능력에 미치는 영향이 제한적이

라는 실험 연구들도 적지 않습니다. 그럼에도 우리 사회는 여전히 학력을 그 사람의 성실성과 지적 능력을 동시에 보여 주는 지표로 간주하곤 합니다. 만약 이 전제가 참이라면 학력의 순서대로 지능과 도덕성이 정렬되어 있어야 할 것입니다. 가장 높은 학력을 가진 사람이 가장 똑똑하고 가장 성실해야겠지요. 하지만 과연 그런가요? 그렇지 않다는 반례는 우리 주변에서 어렵지 않게 찾아볼 수 있습니다.

나무의 경우, 입시 제도가 차별과 경쟁의 문화를 재생산하고 있다는 문제를 드러내기 위해 대학 입시 거부를 선언했습니다. 하지만 모두가 같은 이유로 대학에 진학하지 않는 것은 아닙니다. 경제적 안정이 무엇보다 중요한 상황에서는 대학 진학에 드는 비용이 큰 부담으로 작용해 곧바로 취업을 선택하기도 합니다. 진출하려는 분야가 대학 교육과 직접적인 관련이 없을 때도 있습니다. 댄서나 요리사가 되기 위해 꼭 학력이 필요한 것은 아니니까요. 오히려 대학 밖에서의 경험이 그 분야에 더 도움이 되기도 합니다. 배우고자 하는 것이 대학 내에는 존재하지 않는 경우도 있습니다. 대학에 가지 않는 것은 종종 지적 탐구를 중단한다는 의미로 받아들여지기도 하지만, 배움은 대학보다 훨씬 넓습니다. 대학에 진학하지 않은 청소년의 다이어리가 여러 가지 계획으로 빼곡한 경우도 보았습니다. 그는 대학생보다 더 바쁘게 알고 싶고 경험하고 싶은 것들을 찾아다니며 배움을 계속하고 있었습니다.

다른 한편으로 지금 당장은 대학에 가고 싶지 않기 때문에 비진학을 선택하기도 합니다. 당장 가고 싶지 않으니 일단 멈추어 생각한다는 이야기는 어떤 면에서 새롭게 들리지요. 우리 사회는 연령에 따라 할 일이 아주 촘촘히 결정되어 있고, 한순간도 옆길로 새서는 안 된다는 압력이 강하니까요. 대학 진학은 종종 낙오에 대한 두려움과 연결되어 있습니다. '대학에 갈 거냐, 안 갈 거냐'라고 묻는다면 겁에 질려서 간다고 할 수밖에 없습니다. 정신분석학자 에리히 프롬은 끊임없이 움직인다고 해서 능동적인 행위자라고 보기는 어렵다고 말합니다. 깊은 불안감과 고독감, 또는 탐욕에 쫓겨 끊임없이 일한다면 그 사람은 수동적인 '수난자'입니다. 하지만 우리 사회는 수많은 재난 속에서 오직 스스로를 구할 것을 요구하지요. 대학은 그 와중에 중요한 자원으로 여겨지고요. '수난자'를 양산하는 사회에 대한 새로운 질문이 필요한 때인지도 모르겠습니다.

그렇다면 질문은 '대학에 갈 거냐, 안 갈 거냐'에서 멈추지 않습니다. 우리는 이제 '대학에 가지 않고도 살 만한 삶을 살 수는 없을까'라고 물어야 합니다. 입시에 열을 올리는 이유가 단순히 대학에서 진리를 탐구할 기회를 얻기 위해서는 아니죠. 그보다는 학력과 학벌이 삶의 질과 기회를 결정한다고 믿기 때문입니다. 우리 사회의 다양한 기회들이 사회경제적 지위가 높은 부모를 둔 청소년들에게 집중된다는 것은 이미 잘 알려져 있는 사실입니다. 그동안 이 문제를 교육 불평등의 핵심으로 바라봐 왔지요. 하지만 이제는 새로운 질문이 필요합니다.

교육 불평등 연구자 최성수는 '좋은 삶'에 대해 우리 사회가 공유하고 있는 이야기를 돌아봐야 한다고 말합니다. 대학과 입시는 단순히 교육 제도의 공정성 또는 형평성 문제가 아니라 우리 사회가 말하는 좋은 삶의 기준과 연결된 사회문화적 문제입니다. 한국 사회에서 잘 사는 삶, 살 만한 삶이라고 일컫는 모습은 아주 제한적입니다. 명문대를 나와서 번듯한 직장에 다니는 것만이 좋은 삶의 유일한 서사가 될 때 다른 삶의 모습들은 관심 밖으로 밀려납니다. 1등급은 고작 4퍼센트에 불과하고, 96퍼센트의 사람들은 그와 다른 삶을 사는데도 말입니다. 그동안은 누구나 노력하면 명문대에 갈 수 있도록 만드는 것이 해법으로 여겨졌지요. 그것이 평등이라고요. 하지만 명문대에 가지 않아도 누구나 양질의 교육을 받고 살 만한 삶을 살 수 있는 사회가 평등에 더 가까운 게 아닐까요? '입시 성공'이라는 단 하나의 서사를 넘어 좀 더 다양한 '살 만한 삶'을 그려 볼 수는 없을까요?

다시 나무의 이야기를 해 보려고 합니다. 나무는 조금은 다른 '좋은 삶'의 모습을 만들어 가고 있습니다. 고등학교를 졸업한 이후 여행을 통해 길에서 배움을 얻는 대안학교를 다니면서 새로운 배움으로 자신을 채웠습니다. 또, 청소년의 시각을 담은 미디어 콘텐츠를 만드는 일을 하며 비슷한 고민을 가진 사람들을 만났습니다. 이후에는 시민 단체에서 반✳상근 활동가로 일하며 입시 경쟁 교육과 학력 차별에 반대하는 담론을 만들었습니다. 이 과정에서 만난 사람들이 새로운 장소로, 새로운 인연으로 나무를 데려가 주었습니다. 제주 강정에서 평화를 배우는 공간에 머물기도 하고, 거기서 만난 사람들 덕에 평화를 위해 일하는 단체에서 활동할 기회를 얻기도 했습니다. 평화에 대한 관심은 오키나와로 번지고, 거기서 다시 후쿠시마를 걷는 활동으로 퍼져 나갔습니다. 고등학교 졸업과 동시에 집에서 별다른 금전적 지원을 받지 않았기 때문에 사이사이 식당에서 서빙을 하고, 단기 아르바이트를 할 때도 있었습니다. 단기 아르바이트만큼이나 다양한 집회와 활동에 참여했고, 동생을 돌보며 새로운 세상에 관심을 가졌습니다.

대학 진학은 안전 또는 풍요와 연결되곤 합니다. 성공과 성취를 통한 나의 안전한 미래를 상상하게 하지요. 나무가 택한 방법은 어쩌면 관계를 통한 풍요입니다. 세상에 대한 관심을 공유하는 사람들과 관계를 맺으며 일도 하고 웃기도 하는 풍요 말입니다. 이런 삶의 모습은 우리 사회에서 잘 보이지 않습니다. 분명히 존재하는데도 말입니다. 혹시 '앞으로 어쩌려고 그러지?'라고 생각하고 계신가요. 다행인지 불행인지 지금처럼 불안하고 예측 불가능한 사회에서 자신의 10년 후를 자신만만하게 말할 수 있는 사람은 별로 없을 겁니다. 표준을 따라 산다고 해서 안전하고 풍요로운 미래가 보장될까라는 두려운 질문도 남아 있지요. 중요한 건 표준인지 아닌지가 아닙니다. 어떤 삶이 좋은 삶인지 질문해야 합니다. '어떤 삶이 좋은 삶인가?'라는 질문의 무게를 혼자 짊어질 필요는 없습니다. 이 질문을 탐색하는 과정에는 관찰도 필요하고, 면담도 필요할 수 있어요. 다른 사람들은 어떤 삶을 좋은 삶이라고 생각하고 있던가요? 그 속에서 어떤 영감의 조각들을 발견했나요? 다채로운 이야기들과 만나고 겹쳐지며 새롭게 만들어질 여러분의 이야기가 진심으로 궁금합니다.

비가시화

비가시화란 어떤 사람들이나 사회 현상이 물리적으로 존재함에도 불구하고 특정한 사회문화적 맥락 속에서 제대로 인식되지 않고, 마치 보이지 않는 것처럼 취급되는 현상을 의미합니다. 이는 사회 구조 및 권력관계, 그리고 우리가 세상을 인식하는 방식과 깊이 연관되어 있습니다.

문화인류학은 사회 내 권력관계가 어떻게 특정 집단의 경험과 관점을 '정상' 혹은 '보편'으로 만들고, 다른 집단의 경험을 '비정상'이자 '특수'한 것으로 만드는지 주목합니다. 서울에 있는 4년제 대학에 다니는 학생은 전체의 10퍼센트 내외지만, 청년 담론에서 이들은 보편적인 존재로 여겨집니다. 대학에 진학하지 않는 사람이 30퍼센트 이상이지만 로맨스 드라마의 주인공들은 다 대학에 다니고요. 즉 문화는 특정 범주에 속한 사람들에게는 가시성을 부여하는 반면, 다른 범주에 속하거나 어떤 범주에도 명확히 속하지 않는 사람들은 사회적으로 보이지 않게 만듭니다.

지배 문화의 생활 방식을 '상식'으로 간주할 때 이와 다른 소수자나 비주류 집단의 생활 방식과 경험은 자연스럽게 주변으로 밀려나거나, 심지어 없는 것처럼 여겨집니다. 예를 들어 청소년 중에는 집이 없는 노숙 청소년, 학생이 아닌 학교 밖 청소년, 가정을 떠나서 사는 탈가정 청소년 등이 있지만 이들은 전형적인 청소년 상에 가려져 잘 드러나지 않습니다. 장애 청소년, 미등록 이주자 청소년, 성소수자 청소년도 마찬가지입니다. 이 다양한 청소년들의 권리나 경험은 사회적 논의에서 쉽게 소외됩니다. 이들이 처한 삶의 조건이나 목소리를 '정상적인 생애 경로'에서 벗어난 것으로 간주하기 때문입니다.

문화인류학의 핵심 연구 방법론인 '민족지ethnography'는 이 '비가시화된' 존재들을 드러내는 데 중요한 역할을 합니다. 민족지란 인류학자들이 문화 집단에 참여하고 관찰하며 그들의 목소리를 직접 듣고 기록한 것을 말합니다. 민족지에는 주류 담론에서는 들리지 않던 이야기와 보이지 않던 삶의 방식이 담깁니다, 이를 통해 그동안 간과해 왔던 사회 구조적 문제들을 드러내고 비판적으로 분석할 수 있습니다. 민족지는 단순히 '없는 것을 보이게' 하는 것을 넘어 기존의 '정상성' 개념에 도전하고, 우리가 미처 알지 못했던 다양한 삶의 가능성과 사회의 복잡성을 이해하는 데 도움이 될 수 있습니다.

나오며 예측 불가능성이라는 희망

왜 희망을 가져야 하나. 청소년들과 종종 마주하는 질문입니다. 이야기가 정확히 저 문장으로 시작되는 것은 아닙니다. 다만 세상과 인간을 바라보다 보면 그저 막막해질 뿐이라 이렇게 묻지 않을 수가 없습니다. 3등급 이하는 부모의 등골을 빨아먹는 존재라는 말을 들었을 때, 친구들이 나만 빼고 단체 채팅방을 만들었을 때, 돈이 없는데 일할 곳도 없을 때, 수행 평가에서 나의 성 정체성을 부정해야 할 때 청소년에게 비관은 참 선명합니다. 환대받는 구성원으로 이 사회에 자리를 가지는 일은 너무 아득합니다. 이런 곳에서 희망의 존재를 이야기하기란 쉬운 일이 아닙니다.

'그래도 힘내자'는 말은 위로보다는 회피에 가깝습니다. 순진한 냉소로 '응 맞아. 세상은 망했어'라고 말할 수도 없습니다. 망하지 않았기 때문은 아닙니다. 기후 위기와 전쟁, 혐오와 차별이 일상화된 세계는 마치 끝나기로 결정된 이야기처럼 보입니다. 그럼에도, 그렇게 말할 수는 없습니다. 너무 쉽고 편리하기 때문입니다. 나보다 늦게 이 사회에 도착한 사람들에게 그렇게 말하는 것은 무책임하다는 생각까지 듭니다. 망해 가는 게 분명해 보이는 세상에서 망했다고 결론짓지 않으면서 어떻게 10대와 함께 살 수 있을까요?

이럴 때 도움이 되는 것은 예측 불가능성입니다. 예측이 틀릴 수 있다는 것은 비관적 결정론을 뒤집을 수 있는 단서가 됩니다. 기적이 있다면, 그것은 예언을 바꾸는 일입니다. 다행히 문화인류학 연구에서는 이 '기적'이 빈번하게 일어납니다. 고심해서 내놓은 정책은 뒤집힌 결과를 가져오고, 학생들은 교사의 의도와는 다르게 움직이며, 연구는 연구자가 생각지도 못한 장면들로 채워집니다. 구체적인 맥락 위의 움직임은 규칙과 공식으로 대체될 수 없는 특수한 가능성을 가지고 있습니다.

청소년들과 함께 작업한 많은 순간도 이와 같은 예상치 못한 전개로 채워지곤 했습니다. 청소년들에게 '나는'으로 시작하는 글을 써 보자고 했던 어떤 날도 그랬습니다. 늘 만나는 사람이고 늘 만나는 공간이었기에 다들 대충 쓰고 말 줄 알았습니다. '세 줄 요약'과 '1분 숏폼'의 시대에 읽는 것도 쓰는 것도 참 쉽지 않기 때문입니다. '나는'은 막연하고도 당연한 주제이니 한두 줄 쓰고 대강 말로 때울 거라 생각 했습니다.

하지만 늘 그렇듯 예상과는 달랐습니다. 다들 말없이 쓰기 시작했고 그렇게 한 시간이 지났습니다. 각자 차지한 자리에서 종이 위로 연필이 사각사각 지나가는 소리만 났습니다. 스마트폰을 하는 것도 아니고, 게임을 하는 것도 아니고, 그저 연필과 종이만으로 한 시간이 지나갔습니다. 사회는 청소년의 동기와 흥미를 얄팍하게 생각하는 경향이 있습니다. 엎어져 자는, 게임만 하는, 스마트폰만 들여다보는 이미지로 청소년을 묘사하는 사회는 어떤 종류의 결론을 이미 가지고 있는 건 아닐까요? 삶의 조건과 맥락은 삭제한 채로 그들에게서 자기를 발견할 기회를 박탈하고 있는지도 모릅니다. 자기 삶과 세상을 연결해 이해하고 싶은 마음은 오히려 10대에 더 강할 수도 있는데 말이에요.

물론 스마트폰을 들여다보고 있던 사람도 있었습니다. 하지만 그가 노트 앱에 적은 하고 싶은 말은 서른 줄이 넘었습니다. 종이에 쓰던 사람 중에는 석 장을 넘겨 쓴 사람도 있었고요. 두 줄에서 멈춰 있는 사람도 있었습니다만, 그는 하고 싶은 말이 너무 많아서 말로 다 할 수 없는 상태였습니다. 그렇게 고요한 한 시간이 지나고 나자 이들은 다시 평소처럼 경쾌해졌습니다. "누가 먼저 발표할까? 앞에 나가서 해야 해? 가위바위보 할까?" 하며 한참을 깔깔대다가 입시 문화를 연구한 나무가 먼저 읽기로 했습니다. 저는 진행자로서 기록용 사진도 찍고, 다른 사람이 쓴 글을 정리하기도 하며 느긋이 듣고 있었습니다. 그러다 한순간 '마음이 찡하네'라고 생각했습니다.

나무가 "생각해 보면 나는 항상 당근이 필요했고 당근을 얻기 위해 노력한 적도 있었지만, 채찍질만 돌아왔다. 내가 말이 되길 거부하기까지"라는 부분을 읽은 순간이었습니다. 당혹스럽게도 그 공간에 있던 많은 이가 훌쩍이기 시작했습니다. 울려고 시작한 건 아니었습니다. 울 분위기도 아니었습니다. 촛불도 없고, 조명도 없고, 반쯤 열린 가방이 책상 위에 늘어져 있는 한낮의 일상 공간이었습니다. 하지만 어떤 공통의 감정이 꺼내어져 의미가 되자 눈물도 같이 나왔습니다. 그렇게 사회에 드러나지 않은 '지식'들이 생겨나기 시작했습니다. 다듬어지지 않은 말들이 결합되고 연결되었습니다. 우리는 매일 수많은 일을 겪지만, 그 모든 것이 이야기되는 것은 아닙니다. 사회문화적으로 의미가 부여되어 언어를 얻은 것만이 이야기가 됩니다.

"이상하게만 느껴졌던 내 모습을 괜찮다고 생각하게

되었다"는 삼색의 말은 '무의미'하게 취급되었던 청소년의 경험에 의미가 부여되는 과정을 잘 드러내 줍니다. 인류학자 제임스 스프래들리는 민족지 연구에 치유의 힘이 있다고 말했습니다. 억압적인 문화적 전제들을 비판적으로 검토하면서 자신의 정체성을 다시 만들고, 새로운 가능성을 보게 하기 때문입니다. 이 책을 쓰기 시작할 때의 마음도 이와 같았습니다. '부족한, 못난, 비정상적인'이라 규정된 나를 넘어서 새로운 나를 발견하는 데 보탬이 되고자 했습니다. 예상하지 못한 나를 발견하는 것은 어쩌면 나에 대한 결론을 뒤집는 기저인지도 모릅니다. 정해진 답을 넘어서, 새로운 이야기를 시작하는 데 이 책이 도움이 되었기를 바랍니다.

참고문헌

강보라, 『나만 잘되게 해주세요』, 인물과사상사, 2019.

강지나, 『가난한 아이들은 어떻게 어른이 되는가』, 돌베개, 2023.

김성우·엄기호, 『유튜브는 책을 집어삼킬 것인가』, 따비, 2020.

김현경, 『사람, 장소, 환대』, 문학과지성사, 2015.

김현수, 『요즘 아이들 마음고생의 비밀』, 해냄, 2019.

김현수, 『코로나가 아이들에게 남긴 상처들』, 해냄, 2022.

김현철·박노자·고미숙·권인숙·나임윤경, 『청소년기 사회화 담론의
　　근대적 기원과 그 영향』, 한국청소년정책연구원, 2007.

노리나 허츠, 홍정인 옮김, 『고립의 시대』, 웅진지식하우스, 2021.

노현종, 「디지털 시대의 호모 루덴스?: 변화된 놀이문화와 능력주의
　　이데올로기의 선택적 친화력」, 『비교문화연구』 29(2), 2023.

다나 보이드, 지하늘 옮김, 『소셜시대 십대는 소통한다』, 처음북스,
　　2014.

래원 코넬, 안상욱·현민 옮김, 『남성성/들』, 이매진, 2013.

레나토 로살도, 권숙인 옮김, 『문화와 진리』, 아카넷, 2000.

로버타 카츠·세라 오길비·제인 쇼·린다 우드헤드, 송예슬 옮김,
　　『GEN Z(Z세대): 디지털 네이티브의 등장』, 문학동네, 2023.

마거릿 미드, 박자영 옮김, 『사모아의 청소년』, 한길사, 2008.

마거릿 미드, 조한혜정 옮김, 『세 부족 사회에서의 성과 기질』, 이화여자대학교출판문화원, 1998.

마이클 샌델, 김명철 옮김, 김선욱 감수, 『정의란 무엇인가』, 와이즈베리, 2014.

마이클 영, 유강은 옮김, 『능력주의』, 이매진, 2020.

마크 피셔, 박진철 옮김, 『자본주의 리얼리즘』, 리시올, 2024.

막스 베버, 볼프강 J. 몸젠·미하엘 마이어 엮음, 박성환 옮김, 『경제와 사회: 공동체들』, 나남, 2009.

민가영, 「신자유주의 시대 10대 여성의 자기 보호와 피해」, 『더 나은 논쟁을 할 권리』, 휴머니스트, 2018.

브라이언 헤어·버네사 우즈, 이민아 옮김, 박한선 감수, 『다정한 것이 살아남는다』, 디플롯, 2021.

브로니슬라브 말리노프스키, 최협 옮김, 『서태평양의 항해자들』, 전남대학교출판부, 2013.

서울특별시 돌봄고독정책관 고독대응과, 「외로움 없는 서울 소개」, 서울특별시 공식홈페이지(https://news.seoul.go.kr/welfare/archives/569468).

셰리 터클, 이은주 옮김, 『외로워지는 사람들』, 청림출판, 2012.

스튜어트 홀, 임영호 옮김, 『문화, 이데올로기, 정체성』, 컬처룩, 2015.

안온, 『일인칭 가난』, 마티, 2023.

애나 로웬하웁트 칭, 노고운 옮김, 『세계 끝의 버섯』, 현실문화, 2023.

어빙 고프먼, 진수미 옮김, 『자아 연출의 사회학』, 현암사, 2016.

에드워드 사이드, 박홍규 옮김, 『오리엔탈리즘』, 교보문고, 2015.

에리히 프롬, 황문수 옮김, 『사랑의 기술』, 문예출판사, 2019.

오스카 루이스, 박현수 옮김, 『산체스네 아이들』, 이매진, 2013.

오효정, 「'부모 경제력', '서울·학군지 거주 여부'가 입시 결과 갈랐다」,

중앙일보, 2024년 8월 27일.

윤서, 「대학을 거부한 국회의원을 찾습니다」, 한겨레, 2020년 4월 8일.

윤신영, 「한국인 주류, 남중국-동남아인의 복잡한 혼혈」,
　　동아사이언스, 2020년 6월 3일.

이주여성인권포럼, 『우리 모두 조금 낯선 사람들』, 오월의봄, 2013.

이혜리 · 김원진, 「스무 살 되기 두려워요… 내 마지막 전성기는
　　초등학교 때」, 경향신문, 2016년 2월 2일.

정희진, 『페미니즘의 도전』, 교양인, 2020.

조경진 · 김은정, 「입시문화와 청소년기: 사회문화적 관점에서 본 한국
　　청소년 또래관계에 대한 고찰」, 『교육인류학연구』 12(2), 2009.

조문영, 『빈곤 과정』, 글항아리, 2022.

조안 C. 트론토, 김희강 · 나상원 옮김, 『돌봄 민주주의』, 박영사, 2024.

조장훈, 『대치동, 학벌주의와 부동산 신화가 만나는 곳』,
　　사계절출판사, 2021.

존 스토리, 유영민 옮김, 『대중문화란 무엇인가』, 태학사, 2011.

천주희, 『우리는 왜 공부할수록 가난해지는가』, 사이행성, 2016.

클리퍼드 기어츠, 문옥표 옮김, 『문화의 해석』, 까치, 2009.

폴 윌리스, 김찬호 · 김영훈 옮김, 『학교와 계급 재생산』, 이매진, 2004.

피에르 부르디외, 최종철 옮김, 『구별짓기』, 새물결, 2005.

헤이미쉬 맥케이, 「사회적 고립: 친구가 하나도 없이 사는 사람들」,
　　BBC 코리아, 2018년 11월 28일.

10대 연구소, 『10대는 연구를 한다: 어떻게 누구와 무엇을
　　연구했는지에 대한 기록』, 하자센터, 2021.

Alice Schlegel & Herbert Barry(1991), *Adolescence: An Anthropological
　　Inquiry*, The Free Press.

Diane Reay, Gill Crozier & John Clayton(2009), "'Strangers in Paradise'?
Working-Class Students in Elite Universities", *Sociology*, 43(6),
1103-1121.

Lois Weis, Kristin Cipollone & Heather Jenkins(2014), *Class Warfare: Class,
Race, and College Admissions in Top-tier Secondary Schools*, University
of Chicago Press.

Rachael Stryker(2016), "Classic and Emerging Themes in the
Anthropology of Children and Youth", *Teaching Anthropology:
Society for Anthropology in Community Colleges Notes*, 21(1), 1-6.

Rebekah Nathan(2006), *My Freshman Year: What a Professor Learned by
Becoming a Student*, Penguin Publishing Group.

나를 발견하는 인류학 수업

2025년 7월 25일 1판 1쇄

지은이
함세정

편집	디자인	
이진, 이창연, 장윤호	조정은	
제작	마케팅	홍보
박흥기	김수진, 이태린	조민희
인쇄	제책	
천일문화사	J&D바인텍	
펴낸이	펴낸곳	등록
강맑실	(주)사계절출판사	제406-2003-034호
주소		전화
(우)10881 경기도 파주시 회동길 252		031)955-8588, 8558

전송
마케팅부 031)955-8595, 편집부 031)955-8596

홈페이지	전자우편	
www.sakyejul.net	skj@sakyejul.com	
블로그	페이스북	트위터
blog.naver.com/skjmail	facebook.com/sakyejul	twitter.com/sakyejul

값은 뒤표지에 적혀 있습니다. 잘못 만든 책은 서점에서 바꾸어드립니다.
사계절출판사는 성장의 의미를 생각합니다.
사계절출판사는 독자 여러분의 의견에 늘 귀 기울이고 있습니다.

ISBN 979-11-6981-385-3 43300